**MENOS ESTADO E
MAIS LIBERDADE**

DONALD J. BOUDREAUX

MENOS ESTADO E MAIS LIBERDADE

O ESSENCIAL DO PENSAMENTO DE F. A. HAYEK

Tradução:
Leonardo Castilhone

COPYRIGHT © THE FRASER INSTITUTE, 2014.
COPYRIGHT © FARO EDITORIAL, 2018

Todos os direitos reservados.
Nenhuma parte deste livro pode ser reproduzida sob quaisquer meios existentes sem autorização por escrito do editor.

O autor deste livro trabalhou de forma independente e as opiniões expressas por ele são, portanto, suas próprias e não refletem necessariamente as opiniões dos adeptos, diretores ou funcionários do Instituto Fraser. Esta publicação não implica de forma alguma que o Instituto Fraser, seus diretores ou funcionários sejam a favor ou se oponham à aprovação de qualquer projeto de lei; ou que eles apoiem ou se opõem a qualquer partido ou candidato em particular.

Diretor editorial PEDRO ALMEIDA
Preparação BARBARA PARENTE
Revisão GABRIELA DE AVILA
Capa e diagramação OSMANE GARCIA FILHO
Imagem de capa © BILL C. RAY
Ilustrações internas LESLIE LIGHTHEART

Dados Internacionais de Catalogação na Publicação (CIP)
(Câmara Brasileira do Livro, SP, Brasil)

Boudreaux, Donald J.
  Menos Estado e mais liberdade / Donald J. Boudreaux ; prefácio de Václav Klaus ; tradução Leonardo Castilhone. — 1. ed. — Barueri : Faro Editorial, 2017.

  Título original: Essential Hayek
  ISBN: 978-85-9581-012-9

  1. Economia - Filosofia 2. Escola Austríaca de Economia 3. Hayek, Friedrich August von, 1899-1992 I. Klaus, Václav. II. Título.

17-11412   CDD-330.157

Índice para catálogo sistemático:
1 Escola Austríaca : Filosofia hayekiana : Economia 330.157

1ª edição brasileira: 2018
Direitos de edição em língua portuguesa, para o Brasil, adquiridos por FARO EDITORIAL

Alameda Andrômeda, 885 — Sala 310
Alphaville — Barueri — SP — Brasil
CEP: 06473-000 — Tel.: +55 11 4208-0868
www.faroeditorial.com.br

A Bill Field,
quem me apresentou a obra de Hayek.

Sumário

9   PREFÁCIO, *POR VÁCLAV KLAUS*

17   INTRODUÇÃO

25   1.   COMO COMPREENDEMOS UM MUNDO INCRIVELMENTE COMPLEXO

31   2.   CONHECIMENTO E PREÇOS

41   3.   PROSPERIDADE INDIVIDUAL E ORDEM ESPONTÂNEA

47   4.   ESTADO DE DIREITO, LIBERDADE E PROSPERIDADE

53   5.   LEGISLAÇÃO É DIFERENTE DE LEI

63   6.   FALSA SEGURANÇA ECONÔMICA E O CAMINHO DA SERVIDÃO

73   7.   EXPANSÃO E CONTRAÇÃO ECONÔMICAS (*BOOM* E *BUST*)

87   8.   A MALDIÇÃO DA INFLAÇÃO

97   9.   O DESAFIO DE SER BEM-SUCEDIDO NA SOCIEDADE MODERNA

111   10.   IDEIAS E SUAS CONSEQUÊNCIAS

121   SUGESTÕES DE LEITURA ADICIONAL

Prefácio

por Václav Klaus

Aqueles como nós, nascidos no século xx — o século de duas guerras mundiais destrutivas e dois períodos de semelhante ruína: de Nazismo e Comunismo —, em particular, aqueles nascidos durante a Segunda Guerra Mundial e que passaram quatro décadas sob o jugo do Comunismo, que tentaram compreender na ocasião o que estava acontecendo e que, eventualmente, tiveram a coragem de tentar transformar o cenário em curso e sempre buscaram um norte que tornasse possível algumas orientações elementares para a vida. Por um lado, olhamos para as ciências sociais em busca de descrição e explanação teóricas para as obras de importantes acadêmicos, intelectuais e autores. Por outro lado, procuramos personalidades diretas, importantes, coerentes e inspiradoras; indivíduos exemplares, cujas vidas estivessem em risco por conta de seus escritos.

Friedrich August Hayek foi absolutamente crucial para muitos de nós em ambos os aspectos.* Nascido em 1899, em Viena, capital do

---

* Ver meu "Hayek, the End of Communism, and Me", *CATO Policy Report* xxxv (5), 2013, em http://www.klaus.cz/clanky/3345. Este foi o meu discurso original "Hayek and My Life", realizado numa conferência na Universidade de Richmond em abril de 2013.

Império Austro-Húngaro, o qual ainda estava sob o comando do Imperador Franz Joseph I, Hayek participou da Primeira Guerra Mundial como soldado na frente de batalha italiana. Quando regressou a sua casa em Viena para concluir seus estudos universitários, encontrou o império perdido, as fronteiras da Europa redesenhadas, o país profundamente abalado e a economia em ruínas (e vivenciando uma hiperinflação devastadora). Ele começou a trabalhar numa instituição governamental que lidava com débitos de guerra sob os auspícios de outro grande economista austríaco, nascido em uma geração anterior, Ludwig von Mises. Mises voltou suas atenções para a tradição da Escola Austríaca de Economia e sua poderosa metodologia (em especial, sua teoria de dinheiro e crédito) e para o debate, pois, após a formação da União Soviética e sua economia planificada sem mercados e preços, essa prática de repente se tornou bastante relevante, diante da impossibilidade do cálculo econômico sob a égide do socialismo. Hayek desenvolveu e enriqueceu substancialmente ambos os assuntos em seus trabalhos realizados nas décadas posteriores.

Depois de se mudar para a Inglaterra e para a London School of Economics, em 1931, na era da Grande Depressão, Hayek logo se tornou o principal opositor de John Maynard Keynes, o qual defendia a grande intervenção estatal como salvadora do capitalismo. Hayek se opunha drástica e inexoravelmente à doutrina keynesiana, que ele interpretava como o mais perigoso veículo, pois, por intermédio dela, as portas se abririam ao pleno socialismo. Muitos consideravam a disputa entre Keynes e Hayek como a principal e mais importante controvérsia no campo da economia do século xx.* Durante muitas décadas — na verdade, até o período da estagnação nos anos 1970 —, Keynes pareceu ser o vencedor, pelo menos na prática, no campo da política econômica.

---

* Por exemplo, Nicholas Wapshott (2011), *Keynes-Hayek*, W.W. Norton.

PREFÁCIO

A Escola Austríaca de Economia, tradicionalmente, subestima, ou até negligencia, a macroeconomia (ou, no mínimo, sua importância), e Hayek compreendeu que não venceria o debate ao acolher o cenário macroeconômico keynesiano. Decidiu, então, atacar a doutrina intervencionista de Keynes movendo-se para a microeconomia, para a defesa do papel insubstituível dos mercados e dos preços na economia e demonstrando que o intervencionismo impede o funcionamento eficiente dos mercados. Seus artigos seminais "Economia e Conhecimento" e, sobretudo, "O Uso do Conhecimento na Sociedade" estão entre as mais importantes contribuições ao campo da ciência econômica como um todo no século xx. Hayek dedicou sua análise à explanação da coordenação da ação humana em um mundo no qual o conhecimento é inevitavelmente disperso e foi capaz de provar que a solução está no sistema de preços, não na economia planificada.

Hayek foi mais longe. O próximo passo dele foi ir além das fronteiras da ciência econômica. Durante a trágica Segunda Guerra Mundial, ele não viu apenas o Nazismo da Alemanha e de sua terra natal, a Áustria, e o comunismo da Rússia e de toda a União Soviética, mas a mesma centralização na tomada de decisões, planejamento governamental e administração da economia; a mesma supressão dos direitos civis; e a mesma introdução de todos os tipos de controles, em todos os países envolvidos na guerra. Ele considerava esses acontecimentos uma nova tendência que precisava ser enfrentada. Assim o fez, em 1944, ao publicar um livro não acadêmico, *O Caminho da Servidão* (dedicado aos "socialistas de todos os partidos"), que se tornou desde o seu lançamento o texto mais importante para todos os amantes da liberdade. Confesso que se tornou quase uma bíblia para aqueles que viveram décadas sob o comunismo. Hayek atraiu nossa atenção à estrada escorregadia que começa no intervencionismo governamental limitado e, à primeira vista, quase "inocente", decaindo para um sistema autoritário e repressor. A liberdade, para

Hayek, era o valor primordial da civilização ocidental, sem o qual outros valores não poderiam ser concretizados.

O Caminho da Servidão tornou-se um *best-seller* (principalmente depois de sua versão para a *Reader's Digest*) e abriu as portas para Hayek adentrar o universo de leitores não acadêmicos. E ele não parou por aí. Continuou sua missão com uma importante atividade organizacional, fundando a Sociedade Mont-Pélèrin, em 1947. A sociedade reunia um grupo bastante influente de liberais clássicos e outros renomados adversários do intervencionismo e da social-democracia. Realizando encontros regulares já há quase sete décadas, a sociedade é responsável pelo ressurgimento do liberalismo na segunda metade do século xx.

Frustrado ao ver o crescente impacto do keynesianismo nos anos 1950 e 1960, Hayek, de certa forma, abandonou a teoria econômica e migrou para áreas mais abrangentes (e menos rigorosas) — como filosofia política, direito, metodologia da ciência e, até, psicologia. Seus temas eram diversos, mas o conteúdo continuava bem focado: liberdade, seus inimigos, livres mercados e as ambições do construtivismo. Essa mudança temática pode ser facilmente verificada nos títulos de seus livros e artigos daquele período: *O Abuso da Razão; A Ordem Sensorial; Individualismo: Verdadeiro ou Falso; A Teoria de Fenômenos Complexos; Evolução dos Sistemas; O Atavismo da Justiça Social; A Contrarrevolução da Ciência; Direito, Legislação e Liberdade* etc.

Hayek passou a maior parte dos anos 1950 nos Estados Unidos, boa parte deles na Universidade de Chicago (embora, para sua frustração, devido ao caráter não científico de *O Caminho da Servidão*, seu período em Chicago não tenha sido no respeitado Departamento de Economia). No início dos anos 1960, Hayek retornou à Europa, para a Universidade de Freiburg, e passou o último terço de sua vida ativa na Europa, onde ele na verdade pertencia.

Em 1974, quando formalmente parou de escrever sobre temas econômicos, foi laureado com o Prêmio Nobel de Ciências Econômicas,

PREFÁCIO

que foi uma importante justificativa e lhe trouxe tremenda satisfação. Em seu discurso no Prêmio Nobel, "A Pretensão do Conhecimento", ele resumiu suas visões sobre a diferença entre as ciências físicas e as ciências sociais (inclusive a economia) e criticou as tentativas de se usar métodos de ciências físicas em outros campos. Ele chamou essa tentativa de "cientificismo", não ciência.

Nas últimas décadas de sua longa vida (ele morreu em 1992, aos 93 anos de idade), Friedrich Hayek envolveu-se na elaboração, de maneira normativa, do esboço da *Constituição da Liberdade* (publicada em 1960), na qual ele procurou formular os pré-requisitos legislativos para a liberdade (sem tentar "vendê-la" para qualquer partido político). Tornou-se um defensor do evolucionismo e da "ordem espontânea" (contrária ao construtivismo). O contraste entre "racionalismo construtivista" e "lógica evolutiva" era absolutamente crucial para Hayek. Ele tentou demonstrar a impossibilidade do construtivismo racionalista. Compreender sua ênfase na diferença entre ação humana e *design* humano significa compreender Hayek.

Hayek foi um dos intelectuais mais significativos do século xx, mas, apesar de sua extrema importância para os povos dos países ocidentais, não foi valorizado e reconhecido o suficiente. Lembro-me de estar na Áustria "dele", em novembro de 1989, um dia antes da Revolução de Veludo em meu país, a antiga Checoslováquia, e ouvir na Universidade de Linz: "Hayek está morto na Áustria". Reagi dizendo que o ressuscitaríamos em Praga. Ouso defender que Hayek foi mais importante para nós, no Leste, do que para os povos do Oeste. Os ocidentais viram um perigo real no Comunismo, mas não viram que estavam começando a trilhar sua própria "estrada escorregadia" hayekiana. Com frequência, consideravam as visões dele como exacerbadas e exageradas. Para nós, Hayek foi nosso guru, nosso mestre, nosso guia, nosso norte na era deprimente do Comunismo. Para Hayek, foi mais fácil cativar nossos corações.

Após a queda do Comunismo, na era otimista, quando dominavam as doutrinas de "fim da história" (*à la* Fukuyama), Hayek foi considerado vindicado — ainda que, ironicamente, seus escritos estivessem sendo pouco a pouco esquecidos, como se não fossem mais relevantes. Ele foi anunciado como um "profeta que provou estar certo" (o que era um tanto ilógico, pois nunca acreditou que suas visões e propostas pudessem vencer no mundo real), mas as ideias dele (e seus avisos) pareciam pertencer a uma época diferente. Com a "vantagem" de nosso passado comunista, contudo, alguns de nós sabiam que os escritos de Hayek não perderam a relevância do passado.

Duas décadas após o falecimento de Hayek, a história caminha outra vez. O intervencionismo estatal está de volta e em pleno crescimento, a era Reagan-Thatcher foi há muito esquecida, assim como a era comunista. O paternalismo, a regulação e o controle estatais; os bloqueios social e ambiental do funcionamento dos mercados; o construtivismo e o dirigismo estão presentes de novo, principalmente na Europa, e mais fortes do que nunca. Precisamos beber mais uma vez da fonte dos ensinamentos de Hayek. Necessitamos, outra vez mais, empunhar seus livros e tentar difundir suas ideias ao redor do mundo, porque agora elas são tão relevantes quanto no passado.

Este livro é um ótimo começo. Ele nos impulsiona a seguir o caminho de reintroduzir Friedrich Hayek a novos públicos que, embora talvez não o saibam, precisam de seus ensinamentos e sabedoria, da mesma forma que precisamos deles no século xx. Boa parte do mundo ocidental está trilhando a "estrada escorregadia" sobre a qual Hayek tanto nos alertou em suas obras. Apenas ao compreender a trágica trajetória que pode se desenrolar, eles entenderão plenamente a urgência de se evitar as armadilhas do passado. Este livro é uma ótima fonte de referência para todos aqueles que valorizam a liberdade, mas ainda mais importante, é leitura essencial para todos aqueles que estão

PREFÁCIO

alheios aos muitos perigos que podem recair sobre uma sociedade que
ignora as lições do passado.

VÁCLAV KLAUS

VÁCLAV KLAUS é ex-presidente da República Tcheca (2003-2013),
atualmente é presidente do Instituto Václav Klaus, Distingui-
shed Senior Fellow do CATO Institute e professor de Economia
na Universidade de Economia de Praga.

INTRODUÇÃO

TODO ECONOMISTA TEM, PELO MENOS, UM HERÓI. EU TENHO vários. Adam Smith, o sábio filósofo moral escocês do século XVIII, que fundou a economia, é um dos meus heróis. Outro é Frédéric Bastiat, acadêmico e político francês do século XIX, que costumava usar brilhantemente do humor para transmitir ideias econômicas basilares. Também, entre os meus heróis, está meu falecido colega da Universidade George Mason, James Buchanan. Buchanan ganhou o Prêmio Nobel em 1986 por utilizar a economia para melhor compreender a política.

Milton Friedman, o economista americano que não só revolucionou os estudos econômicos do século XX, mas também falou de forma franca e envolvente ao público em geral, é mais um dos meus heróis. Da mesma maneira, Julian Simon, o economista que nos ensinou que o último recurso de qualquer economia não reside em coisas inanimadas, como terras, petróleo, ouro ou minério de ferro, mas, sim, na mente humana, que é livre para inovar.

Mas meu maior herói — de longe — é Friedrich A. Hayek (1899-1992).

Nascido em Viena, no dia 8 de maio de 1899, Hayek mudou-se para a Inglaterra em 1931. Enquanto atuava como professor e pesquisador na London School of Economics, Hayek tornou-se um dos mais renomados economistas do mundo, embora ainda tivesse apenas trinta e poucos anos. Sua fama se expandiu em virtude de sua pesquisa sobre as causas que foram chamadas na época de "ciclos econômicos", o que hoje chamamos de expansões (*booms*) e recessões.

Durante a Grande Depressão dos anos 1930, obviamente, tal pesquisa foi de fundamental importância. E Hayek não estava sozinho na pesquisa das causas dos *booms* e das recessões. Outro economista que estudava o mesmo assunto era John Maynard Keynes. Ainda que a teoria proposta por Keynes sobre *booms* e recessões fosse completamente diferente da proposta por Hayek. As duas justificativas para *booms* e recessões não só diferiam no aspecto puramente teórico, mas também nas implicações que ofereciam para políticas governamentais no enfrentamento de crises econômicas. A teoria de Keynes sustentava que recessões, mesmo as mais graves como a de 1929, podiam ser solucionadas sem complicação com o aumento dos gastos públicos. A teoria de Hayek, por outro lado, dizia que não havia esperança de que uma economia em declínio pudesse ser resolvida por meio de soluções fáceis.

Entre os profissionais de economia, a teoria de Hayek logo deixou de ser aclamada para ser escarnecida. A teoria de Keynes ganhou de longe.

Quaisquer que fossem os motivos para a vitória de Keynes sobre Hayek, o fato é que a vitória foi completa. A economia keynesiana começou a, praticamente, dominar por completo a área econômica pelos quarenta anos seguintes e a conquistar ampla aceitação no meio político. No início dos anos 1940, Hayek foi em grande parte esquecido.

Contudo, o tempo de Hayek nas sombras foi breve. Em 1944, ele publicou um livro que se tornou um surpreendente *best-seller* nos dois lados do Atlântico: *O Caminho da Servidão*. Nesta obra, hoje um clássico das Ciências Econômicas, Hayek alertava que as tentativas de planificar uma economia, ou mesmo de proteger os cidadãos dos inconvenientes das mudanças econômicas, pavimentam um

INTRODUÇÃO

"caminho de servidão". Hayek demonstrou que, se o governo planeja ou regula a economia com demasiados detalhes e com o enorme peso exigido por muitos intelectuais e políticos da época, o governo também deverá arregimentar os cidadãos e privá-los de diversas liberdades, hoje tão estimadas.

Hayek jamais disse (como, quase sempre, acusam-no de forma equivocada de tê-lo dito) que, ao menor sinal de regulação governamental, inevitavelmente, o socialismo e a tirania se manifestam. Em vez disso, sua tese era a de que, quanto maior a intenção do governo em socializar uma economia e regulá-la em profundidade, maior o número de liberdades individuais sendo devastadas no processo.

Embora fundamentado pelo brilhantismo econômico de Hayek, *O Caminho da Servidão* não é um livro de economia. É, em lugar disso, um trabalho sobre filosofia política e sinaliza o afastamento de Hayek dos trabalhos escritos sobre economia com exclusividade para economistas, em direção a uma escrita sobre a natureza da sociedade para públicos mais amplos. E o público de *O Caminho da Servidão* foi vasto. Nos Estados Unidos, a revista popular *Reader's Digest** publicou uma versão condensada do livro em 1945, a qual se provou surpreendentemente bem-sucedida. (*O Caminho da Servidão* continua sendo relevante e popular. Sessenta e cinco anos após seu sucesso de vendas por intermédio da *Reader's Digest*, o apresentador televisivo e radialista americano Glenn Beck enalteceu *O Caminho da Servidão* em seu programa no canal Fox News. Por conta disso, em junho de 2010, o livro de Hayek, de 1944, despontou para o ranking de livro mais vendido na Amazon. com, onde permaneceu por uma semana.)

Simultaneamente a sua mudança de economista restrito para cientista social abrangente, Hayek mudou-se, em 1950, para a Universidade

---

* N. do T.: esta revista foi famosa no Brasil até a década de 1990, com o nome de *Revista Seleções*.

de Chicago. Durante seus doze anos nessa instituição, não chegou a ser professor do Departamento de Economia, mas, em vez disso, entrou para o Comitê de Pensamento Social. Enquanto esteve em Chicago, Hayek escreveu um segundo e mais extenso livro em defesa de uma sociedade livre: *A Constituição da Liberdade*, que foi publicado em 1960.

Em décadas subsequentes, mais dois livros de "grande pensar" fluiriam pela caneta de Hayek: a obra em três volumes *Direito, Legislação e Liberdade* (publicada nos anos 1970) e o último livro de Hayek, *Arrogância Fatal: Os Erros do Socialismo* (publicado em 1988). *Direito, Legislação e Liberdade* apresenta Hayek em sua maior demonstração de coragem e pioneirismo. O Volume I explica de forma brilhante as diferenças entre ordens espontâneas (tais como idiomas e economias de mercado) e organizações planejadas (como empresas e economias planificadas). O Volume II explica por que a ideia popular de "justiça social" é desarrazoada. O Volume III contém a mais ambiciosa investida de Hayek para descrever em detalhes como seria a estrutura legal e política de sua sociedade ideal.

No entanto, a maior contribuição de *Direito, Legislação e Liberdade* é a explanação de Hayek sobre a diferença fundamental entre lei e legislação. Influenciado pelo acadêmico legalista italiano Bruno Leoni, Hayek discute que a lei é um conjunto de normas que emerge "espontaneamente", sem planejamento e elaboração. A lei, ou mais propriamente o Direito, é formada por meio de incontáveis interações de pessoas comuns, conforme o transcorrer de suas vidas. Legislação, ao contrário, é um conjunto de normas e mandamentos que o governo planeja e impõe de modo consciente. Hayek acreditava que toda sociedade adequada deve utilizar uma combinação de lei e legislação, mas muitos descaminhos ocorrem devido à confusão entre os dois.

Enquanto ainda trabalhava nos volumes II e III de *Direito, Legislação e Liberdade*, Hayek foi laureado com o Prêmio Nobel de Ciências Econômicas de 1974. Dividindo este prêmio com o economista

INTRODUÇÃO

sueco Gunnar Myrdal, Hayek por fim recebeu o devido reconhecimento profissional que perdera, desde sua recusa, quatro décadas antes, de acompanhar a grande maré do keynesianismo. Os amigos mais próximos de Hayek contam como esse prêmio renovou seu vigor para trabalhar. Ele viveria por quase 18 anos mais e durante boa parte deste tempo se manteve tão criativo e tão produtivo como nunca. Seu último livro, *Os Erros Fatais do Socialismo*, publicado em 1988 (e editado no Brasil pela Faro), aprofunda seus *insights* nas forças do potencial criativo de uma sociedade governada por mandatários evoluídos, no lugar de políticos discretos ou de maiorias democráticas.

* * *

Neste breve livro, procuro transmitir da maneira mais clara possível a essência de dez das mais importantes ideias econômicas e políticas de Hayek. Embora eu exponha o ponto de vista de Hayek na maior parte dos temas, dei o meu melhor nas páginas a seguir para transmitir as ideias e perspectivas de *Hayek*, não as minhas. Inevitavelmente, e sobretudo porque nenhum acadêmico jamais experimentou uma influência tão poderosa e duradoura no modo como abordo economia e como "vejo" a realidade social, sem dúvida, de vez em quando, confundo minhas próprias ideias e pontos de vista com os de Hayek. Visei a evitar qualquer confusão do tipo, mas reconheço de antemão que meus esforços pouco provavelmente foram exitosos. Outros estudiosos de Hayek, por conseguinte, podem se opor a um sem-número de interpretações que fiz aos escritos deste mestre. Espero apenas ter reduzido tais confusões ao mínimo e que as confusões que ainda restarem sejam compreensíveis e, portanto, perdoáveis.

Também procurei evitar ao longo da obra menções excessivas ao próprio Hayek. O leitor deverá ler os capítulos a seguir com a compreensão de que *todas* as ideias neles expostas são as ideias de Hayek (ou, de novo, pelo menos o que genuinamente acredito serem as ideias de Hayek). Assim, acima de tudo, em função de outra meta minha, de tornar este livro acessível ao público em geral, não há durante o texto citações e notas de rodapé no estilo acadêmico.

Aos leitores interessados em explorar os trabalhos de Hayek em maior profundidade, incito para que leiam suas obras diretamente. Recomendo começar com *O Caminho da Servidão* ou *A Constituição da Liberdade*, embora estudantes de economia talvez desejem começar pelo influente artigo de Hayek, "O Uso do Conhecimento na Sociedade", que foi reimpresso em muitos lugares, após ser publicado originalmente na edição de setembro de 1945 na *American Economic Review*. (Este artigo também está disponível grátis, em inglês, no site http://www.econlib.org/library/Essays/hykKnw1.html).

Hayek não escreveu uma autobiografia. Porém, existem muitas biografias intelectuais bem escritas sobre ele. O livro *Hayek's Challenge*, de Bruce Caldwell, publicado em 2005, é em especial bom. Os leitores podem consultar também *Friedrich Hayek: The Ideas and Influence of the Libertarian Economist*, de Eamonn Butler, de 2012, e *Friedrich Hayek: A Biography*, de Alan Ebenstein, de 2001. Mas volto a salientar: não há melhor maneira para se aprender as ideias de Hayek senão pela leitura direta de suas obras.

Ler Hayek diretamente nem sempre é fácil. Sua prosa, embora infalivelmente adequada e precisa, caracteriza-se por frases longas com várias intercalações. Apesar de que isso (pelo menos quando eu leio a prosa de Hayek) apresenta uma cadência atraente — ainda que uma cadência que só se torna aprazível após ler mais do que algumas páginas! Mas, se o leitor confiar na minha humilde opinião, posso assegurar que não se limitar a familiarizar-se apenas de modo

INTRODUÇÃO

superficial com os trabalhos de Hayek renderá a você generosos dividendos intelectuais.

Mesmo assim, até os trabalhos mais "populares" de Hayek, como *O Caminho da Servidão*, são bastante acadêmicos. Ele foi, dos pés à cabeça, um acadêmico inveterado, nunca um jornalista ou comunicador. Terei cumprido meu dever nas páginas seguintes se você, leitor, compreender algumas das ideias principais deste grande pensador e entender a relevância atemporal dessas ideias para a valorização e formação de políticas sociais. Se você se sentir inspirado para ler Hayek diretamente, tanto melhor.

* * *

É muito gratificante poder escrever este pequeno livro. Agradeço a Jason Clemens e seus colegas do Fraser Institute pelo convite para escrever esta obra e pelo apoio durante todo o projeto. Agradeço aos meus colegas e alunos durante esses anos, tanto da Clemson University quanto da George Mason University. São muitos os colegas e alunos para serem mencionados aqui sem correr o risco de deixar alguém de fora, mas todos eles me ensinaram demais. Sou grato pela longa amizade e colaboração — sobretudo em nosso blog Café Hayek (www.cafehayek.com) — de Russell Roberts, agora na Hoover Institution. Sou igualmente grato pelas generosas contribuições de Bruce Caldwell no início deste projeto, sem falar nas críticas e sugestões tão úteis e perspicazes de três revisores anônimos.

E faço um agradecimento especial ao meu primeiro mentor, Bill Field, que me introduziu aos trabalhos de Hayek. Ainda me recordo do dia, quase quarenta anos atrás, quando Bill me entregou sua cópia de *Individualism and Economic Order*, de Hayek, e sugeriu que eu lesse "O Uso do Conhecimento na Sociedade". "Você não irá entender tudo", ele logo alertou. "Mas leia assim mesmo. Já terá compreendido sua importância se entender que deverá relê-lo no futuro. É abarrotado de camadas de *insights*". Bill estava certo.

DONALD J. BOUDREAUX

Donald J. Boudreaux é professor de Economia na George Mason University, membro sênior do Fraser Institute e Martha and Nelson Getchell Chair no Mercatus Center, na George Mason University.

COMO COMPREENDEMOS UM MUNDO INCRIVELMENTE COMPLEXO

> *A maior parte das vantagens da vida social, principalmente em sua forma mais avançada, que chamamos de "civilização", reside no fato de que o indivíduo se beneficia mais do conhecimento do que ele imagina.*
>
> **Friedrich Hayek (1960).** *A Constituição da Liberdade.*
> Em Ronald Hamowy (ed.), *The Constitution of Liberty*, XVII
> (Liberty Fund Library, 2011): 73.

INOVAÇÕES RECENTES PERMITIRAM QUE AS PESSOAS LESSEM materiais utilizando uma imensa variedade de meios, incluindo iPads, computadores e até telefones celulares. Mas o formato original e ainda mais comum é papel e tinta. Entretanto, a complexidade da organização necessária para fazer com que pessoas leiam, mesmo neste simples formato, é difícil de acreditar. Ela ilustra uma das percepções mais profundas de Hayek: a habilidade da sociedade de se organizar com base na busca de interesses individuais.

Agora, você está lendo palavras que, para muitos, estão sendo transmitidas por intermédio de dois dos produtos mais familiares da sociedade:

papel e tinta. Esses produtos são tão comuns que nós os menosprezamos; a existência deles parece ser uma parte tão natural de nossa realidade cotidiana quanto a força da gravidade. E tinta e papel são tão baratos que com frequência são disponibilizados de forma gratuita. (Quando sua correspondência chegar hoje, provavelmente, conterá muitos catálogos e panfletos com propagandas de uma loja de roupas ou de um supermercado. O custo da impressão dessas malas diretas é tão baixo que os comerciantes as enviam todos os dias por meio de aviões-cargueiros, tudo de forma gratuita para nós, que as recebemos.)

Contudo, as pessoas cujos esforços, habilidades, conhecimento especializado e informações detalhadas, que se envolveram na produção da tinta e do papel antes de você, acumulam-se aos milhões. As palavras impressas que você está lendo foram compostas por mim, o autor deste livro. Mas sem a ajuda de milhões de outras pessoas ao redor do mundo, quase todos estranhos para mim e para você, este modesto trabalho — as próprias palavras impressas diante de seus olhos — seria impossível.

Veja a tinta, por exemplo. De onde ela vem? Suas cores vêm de um corante feito a partir de produtos químicos, que foram extraídos de raízes, frutas ou cascas de árvores. Quem descobriu essas raízes, frutas ou cascas de árvores? Essa pessoa devia saber quais raízes, frutas ou cascas de árvore procurar. A maioria das raízes, frutas e cascas de árvores não funciona. E como, exatamente, os produtos químicos corantes são extraídos destes vegetais? Hoje, tal extração é feita por meio de um processo complexo que envolve uma mistura de produtos químicos e maquinários intrincados. A tintura é, posteriormente, misturada com água, resinas, polímeros, estabilizantes e conservantes.

Para preparar um só frasco da tinta moderna mais simples e menos custosa, exige-se o conhecimento e os esforços de muitas e muitas pessoas. Há aquelas pessoas que encontram os vegetais apropriados, aquelas que projetam as máquinas para extrair os corantes, outras que operam essas máquinas e outro grupo que mistura os produtos químicos extraídos com os outros ingredientes para que o líquido produzido funcione como tinta. E esses passos são só o começo.

As máquinas usadas para extrair os corantes das raízes, frutas ou cascas de árvores são movidas a eletricidade. Portanto, precisamos do conhecimento de eletricistas para equipar as fábricas com fiações elétricas. Outros especialistas são exigidos para projetar o equipamento de geração elétrica, que fará com que a eletricidade percorra a fiação das fábricas. Além de todos esses especialistas, outros precisam produzir os próprios fios, um processo que envolve muitos outros profissionais para encontrar e extrair cobre, minérios de ferro e bauxita. Depois, mais outros conhecedores são necessários para executar cada um dos diversos passos que fazem parte da transformação desses minerais brutos em cobre, aço e fios de alumínio.

Isso porque, até agora, só discuti a questão da tinta. E quanto ao papel? Quais tipos de árvores são usados para fazê-lo? Onde foram encontradas essas árvores? Embora nem eu nem você saibamos as respostas para tais questões, *alguém* deve saber. Quem quer que sejam esses especialistas, eles são essenciais para a existência da impressão agora diante de você.

Entretanto, além desses especialistas que citamos, a produção de papel demanda inúmeros outros especialistas — aqueles que sabem como fazer as lâminas para as serras usadas para cortar as árvores; aqueles que sabem como fazer a exploração do óleo usado para fazer o combustível que movimenta as serras; aqueles que sabem quais produtos químicos, e em qual proporção exata, devem ser misturados com a celulose para transformá-la em papel; aqueles que sabem como providenciar o seguro para a fábrica, tornando assim a operação economicamente factível; aqueles que sabem como projetar e outros que sabem como operar as máquinas que embalam o papel para ser transportado até as gráficas. Essa lista de diferentes pessoas, cada uma com um conhecimento e uma informação especializada, segue indefinidamente.

Nenhuma pessoa sabe mais do que uma minúscula fração de tudo o que há para saber sobre como fazer a tinta e o papel que você está lendo agora. E digo mais: nenhuma pessoa — de fato, nem um comitê de gênios — *poderia* saber mais do que uma pequena fração de todos os detalhes que precisam ser conhecidos para produzir a tinta e o papel que você segura nas mãos neste momento. Os detalhes que devem ser conhecidos para que se produzam esses produtos são, verdadeiramente, muito vastos e complexos, ultrapassando a compreensão humana.

Contudo, aqui estão eles — você está olhando para eles neste exato momento: tinta e papel.

Esses bens não existem porque algum grande e engenhoso plano humano foi elaborado. Muito pelo contrário, eles existem por causa de uma instituição social que encoraja pessoas a se especializarem em diferentes habilidades, bem como aprender diferentes fatias de conhecimento e reunir diferentes partes de informação sobre o mundo real. A mesma instituição social emite sinais para essas centenas de milhões de técnicos especializados, informando a cada um deles qual a melhor maneira de utilizar suas habilidades e conhecimento para que os produtos resultantes da economia satisfaçam demandas genuínas do consumidor — fazendo isso com o menor custo possível.

Se esses sinais forem razoavelmente precisos, as atividades dos madeireiros serão bem coordenadas com as da fábrica de papel: não serão cortadas árvores nem aquém, nem além do necessário. E as atividades da fábrica de papel serão coordenadas com as da gráfica: o papel do tipo que você segura nas mãos não será produzido nem de modo excessivo, nem restrito. Sinais razoavelmente precisos também promovem coordenação nas atividades das editoras e do público leitor: quanto maior for o público para um determinado livro, maior será seu número de impressões. Livros que possuírem um público muito restrito para justificar o uso de papel e tinta em sua produção continuarão sem ser impressos por gráficas com produção em larga escala.

Por conseguinte, por meio desses sinais, milhões de produtores ao redor do globo — firmas, empreendedores, investidores, operários — são orientados a agir de forma produtivamente "interligada" uns com os outros. Assim economizam na hora de comprar tinta e papel — e da mesma forma carros, computadores, antibióticos, sólidas habitações, supermercados cheios de alimentos e lojas de departamento lotadas de roupas. A lista é na prática muito extensa.

Um dos fatos mais notáveis da vida nas economias de mercado modernas é que cada uma das coisas que desfrutamos como consumidores é algo que nenhuma pessoa sabe produzir sozinha, desde a origem até o produto final. É óbvio que este fato ocorre por conta de grandes maravilhas, como smartphones e viagens transoceânicas de jatinho, mas não deixa de ser verdade para itens mundanos, como tinta e papel. A produção de cada uma dessas coisas requer o conhecimento de milhares, milhões ou até centenas de milhões de pessoas. No entanto, não há um plano superior para que todas essas atividades se unam de forma produtiva.

É claro, cada trabalhador individual planeja e guia suas ações com consciência. Cada empresa planeja e gerencia suas atividades. Existem planejamentos conscientes e adaptações ocorrendo no nível de cada indivíduo, cada firma e cada organização distinta. Mas não há um plano superior — nem "central" — para todas as coisas existentes. Nenhum projeto central e consciente integra cada um dos milhões e milhões de planos, ações, escolhas e fatias de conhecimento individuais que resultam na grande conclusão da "economia". Esta grande conclusão é, como F. A. Hayek descreveu, ordenada de modo espontâneo.

Mas como? O que exatamente *é* esta instituição social que coordena as escolhas e ações de tantas pessoas, cada uma com diferentes porções de conhecimento e informação, num padrão de atividades global que funciona de maneira tão admirável? A resposta é a troca voluntária ou mercados que são baseados nos direitos de propriedade privada e na liberdade contratual. Isto é, para que os indivíduos sejam capazes de realizar trocas comerciais (vender e comprar), eles devem confiar na segurança tanto de sua propriedade quanto na segurança da propriedade alheia com a qual estão negociando, assim como no sistema legal (contratos) dentro do qual eles operam. E os preços que surgem desses mercados, por meio de milhares ou até milhões de trocas, são os sinais cruciais que nos norteiam todos os dias para realizar essas escolhas econômicas, que resultam na economia complexa e altamente produtiva que nós, com frequência, menosprezamos. Os preços de mercado, como veremos na seção seguinte, guiam cada uma de nossas ações, como se conhecêssemos — e como se nos *importássemos* com — as preferências e o bem-estar de milhões de estranhos.

CONHECIMENTO E PREÇOS

> *Devemos olhar para o sistema de preços como um mecanismo para a comunicação de informações, se quisermos compreender sua real função... O fato mais significativo sobre este sistema é a economia com a qual ele opera ou quão pouco os participantes individuais precisam saber para que sejam capazes de tomar a ação mais correta.*
>
> Friedrich Hayek (1945). *O Uso do Conhecimento na Sociedade.* Em Bruce Caldwell (ed.), *The Market and Other Orders*, XV (Liberty Fund Library, 2014): 100.

IMAGINE UM QUEBRA-CABEÇA DE UM BILHÃO DE PEÇAS. Essas peças estão espalhadas de modo aleatório num terreno com um milhão de quilômetros quadrados. Se alguém lhe designasse a tarefa de encontrar todas essas peças, o que você faria?

Uma opção seria procurar sozinho cada uma dessas peças. Se escolhesse essa opção, provavelmente morreria antes de completar a tarefa. Mesmo que você vivesse 95 anos e começasse a procurar sem cessar pelas peças assim que nascesse, você teria que encontrar uma peça a cada três segundos para encontrar todas antes de morrer.

Mas suponhamos que você recrute mil amigos para que se espalhem pelo terreno e o ajudem na busca pelas peças. A tarefa agora ficaria bem mais fácil. Se cada um de vocês encontrasse apenas uma peça a cada trinta segundos, você e seus amigos concluiriam a tarefa em pouco menos de um ano.

É claro, essa tarefa poderia ser realizada com muito mais facilidade se você mobilizasse a ajuda de um milhão de pessoas ou, ainda melhor, cem milhões de pessoas. Com cem milhões de pessoas vasculhando o terreno em busca das peças do quebra-cabeça, cada pessoa teria que encontrar uma média de apenas dez peças. Sendo assim, se cada um desses cem milhões encontrasse uma peça a cada trinta segundos, a tarefa seria concluída em meros cinco minutos.

A cooperação humana é poderosamente produtiva. Entretanto, nesse exemplo, a simples coleta de todas as peças do quebra-cabeça não seria por si só uma conquista tão vantajosa. O quebra-cabeça, em algum momento, terá que ser montado de forma adequada para justificar o tempo e o esforço gastos no ato da busca de todas as peças espalhadas.

Pense em cada peça do quebra-cabeça como uma unidade de informação, que é em potencial útil para fazer a economia funcionar de forma próspera. Uma peça pode ser a informação de que depósitos de bauxita existem em certa localidade na Austrália.

Outra peça pode ser a informação sobre quais engenheiros de mineração são em especial habilitados para planejar uma operação de extração da bauxita do solo.

Uma terceira peça é a informação sobre a melhor forma de transportar a bauxita para uma indústria de processamento. Uma quarta peça é a informação sobre como criar uma parte crucial do motor do caminhão ou da locomotiva que transportará a bauxita. A quinta peça trata de como projetar as estradas ou trilhos sobre os quais o caminhão ou a locomotiva serão conduzidos.

É evidente que o número de peças de informação que precisa ser encontrado e usado, para que a bauxita se torne, digamos, a película de alumínio que serve de invólucro da impressora que produziu as páginas que você está lendo agora, é surpreendentemente vasto. É um número muito maior do que o mero um bilhão de peças do quebra-cabeça do meu exemplo.

É uma tolice esperar que uma só pessoa (ou um pequeno grupo de pessoas) encontre todas as peças de informação necessárias para a produção das películas de alumínio (e para a produção de fuselagens de aeronaves, produção de papel alumínio para culinária, produção de latas de refrigerantes... a lista é imensa).

O mero ato de *encontrar* todas as peças de informação não é apenas difícil ao extremo para ser encarregado a um pequeno grupo de pessoas; assim também o é a tarefa de reunir as peças a fim de obter produtos finais úteis.

Vamos agora retificar o exemplo para tornar o quebra-cabeça uma metáfora ainda melhor para a realidade econômica. Digamos que, ao contrário dos quebra-cabeças comuns, cada peça deste jogo foi feita para se encaixar com a outra de modo perfeito e sem dificuldades. Neste caso, fica fácil o simples agrupamento de todo o um bilhão de peças do quebra-cabeça para que se encaixem com perfeição. Porém, note que é possível criar um número insondável de cenários com essas peças.

O problema é que somente alguns desses cenários agradarão o olho humano. A maioria dos cenários será um pandemônio visual. O desafio é organizar as peças a fim de que o resultado final seja um cenário reconhecível — digamos, de um campo de girassóis ou de uma área urbana movimentada. Apenas se o cenário for reconhecível, o quebra-cabeça agrupado será válido.

Agora, imagine-se de pé, sozinho, diante de uma mesa gigantesca coberta com esse um bilhão de peças de quebra-cabeça. Quais são as chances de que você sozinho consiga reunir as peças de maneira que o resultado final seja uma imagem visualmente coerente — um resultado final útil e valioso?

A resposta é "praticamente zero".

O número de maneiras diferentes de se combinar esse um bilhão de peças é insondável — aproxima-se do número de átomos no universo. Portanto, mesmo que a quantidade de possíveis cenários válidos seja de um milhão, ainda é apenas uma minúscula fração do enorme número de possibilidades oferecidas por este quebra-cabeça. A ampla maioria de imagens que pode ser criada ao ordenar e reordenar esse um bilhão de peças não terá propósito e, assim sendo, nenhum sentido.

O tamanho e a complexidade do quebra-cabeça garante que será inócuo colocar um planejador central (ou um comitê de planejadores) no comando da montagem do jogo. Um planejador, observando uma pilha gigantesca de peças, simplesmente não consegue prever nenhuma das possíveis imagens significativas que possam vir a surgir, depois que esse um bilhão de peças esteja agrupado.

Portanto, o planejador deve *descobrir* quais figuras significativas são possíveis. Contudo, ele só consegue realizar essa descoberta no próprio processo de agrupamento do quebra-cabeça. Este jogo não veio numa caixa, cuja capa representa o resultado final.

Obviamente, o planejador não conseguirá agrupar todas as peças de uma só vez. Em cada momento, os limites humanos da atenção e da capacidade do planejador permitem-no apenas reconhecer, e reunir, uma fração mínima das peças.

À medida que prossegue com o trabalho, como o planejador saberá se os grupos de peças que ele já agrupou até agora serão ou não parte de uma figura maior e mais relevante? Será que os cinco milhões de peças agrupadas até aqui, embora a imagem que elas representem não se pareça com nada (digamos, uma bolha verde), estarão destinados a se tornar parte de uma imagem significativa (uma floresta, por exemplo), uma vez que fossem combinados com outros cinco milhões ou quinhentos milhões de peças? Ou o atual agrupamento dos cinco milhões de peças está destinado a permanecer sem sentido — impossível de fazer parte de uma imagem agradável e significativa, quando unido às outras peças?

Como o planejador poderá escolher com sensatez entre continuar com sua montagem ou começar do zero outra vez? O melhor que ele pode fazer é conjecturar. Incapaz de ver o futuro, o planejador não tem como saber se a imagem representada pelos cinco milhões de peças, que agrupou até o momento, se revelará útil ou não, quando essa imagem for combinada com as 995.000.000 peças restantes. Embora tenha o pleno poder decisório de onde colocará cada peça, o planejador está às escuras.

Além do mais, o planejador encarará uma segunda dificuldade insuperável. Mesmo que ele, de alguma forma, possa prever desde o princípio qual será a imagem final, se o quebra-cabeça for agrupado conforme as regras, o planejador será incapaz de ordenar e reordenar um número tão grande de peças de forma a concretizar essa valiosa imagem final. São muitas as peças deste jogo e incontáveis as maneiras com que elas podem ser combinadas umas com as outras, de modo que não há como assegurar que um planejador conclua o agrupamento com êxito.

Claramente, planejar é uma péssima maneira de montar o quebra-cabeça. Uma maneira muito melhor é deixar que o quebra-cabeça se monte por conta própria.

Parece estranho. Mas e se cada peça do jogo viesse equipada com um monitor com informações sobre a probabilidade que cada uma teria de se conectar a um determinado ângulo com essa ou aquela peça, não se estaria dando um passo na direção de criar uma figura maior, mais bela e significativa? E se, por exemplo, cada peça emitisse um *bipe*, sempre que se conectasse de forma produtiva com outra peça

— ou seja, sempre que ela se ligasse a outra peça de maneira a contribuir com o eventual resultado final de uma linda imagem? E, imagine ainda, se o volume de cada bipe fosse determinado pelo tamanho da probabilidade que qualquer conexão em particular entre duas peças ajudasse a produzir um belo resultado geral? Quanto mais provável uma conexão em particular estivesse de acordo com o resultado geral exitoso, mais alto seria o bipe.

Agora, finalmente, imagine que esse um bilhão de peças do quebra-cabeça possui uma mente própria, assim como a habilidade de mover-se pela própria vontade. Cada peça amaria ouvir esses bipes — e quanto mais alto fosse o bipe, mais feliz ficaria a peça.

Este jogo — por mais estranho que possa parecer — irá se agrupar sozinho numa configuração que resultará numa imagem bela e significativa. Ele se autoagrupará dessa forma, sem que qualquer peça individual tenha intenção de contribuir com esse resultado.

Cada peça individual é motivada apenas pelo fato de que, se a conexão com outras peças for correta, o bipe emitido será mais alto. Oportunidades de conexão que não emitam bipes serão evitadas em favor das oportunidades que produzam, no mínimo, bipes suaves. E oportunidades de conexão que produzam bipes suaves serão rejeitadas em favor de oportunidades de conexão que produzam bipes altos.

Contanto que a sonoridade dos bipes correspondam com formas de conexão que resultem numa imagem bela e significativa, tal figura será produzida sem que qualquer pessoa (ou qualquer peça de quebra-cabeça) vise a concretizá-la.

Este quebra-cabeça irá se "auto-ordenar" num belo todo, que é muito maior do que a soma das intenções das peças individuais.

É claro, nenhum quebra-cabeça do mundo real possui peças que se movem sozinhas em busca de emissões de bipes. Mas adapte essa analogia do quebra-cabeça ao mundo real da economia. Cada dono de propriedade privada possui incentivos para usar sua propriedade da maneira que melhor puder produzir retorno — os "bipes mais altos", se preferir. O proprietário da terra pode se conectar com fabricantes de trator e trabalhadores agrícolas que plantem milho ou com arquitetos e pedreiros para erigir um prédio no terreno. A opção que ele escolhe é aquela que grita mais alto para ele: "Escolha-me! Eu farei a maior contribuição para a sua fortuna!".

Igualmente ocorre com o trabalhador individual, que tem apenas sua força de trabalho para oferecer. Ele irá conciliar sua força laboral com o trabalho e os recursos de outro dono de propriedade privada que lhe prometer o maior retorno pelos seus esforços — ou seja, que lhe prometer o melhor pagamento.

Com cada proprietário de terra buscando apenas os melhores retornos com o uso de sua propriedade, uma ordem econômica geral é criada, já que cada proprietário direcionará sua propriedade para os fins que oferecerem os melhores preços. Da mesma forma, consumidores buscando apenas obter a maior satisfação possível ao gastar sua renda, evitam fornecedores ineficientes (cujos preços sejam relativamente altos) e tornam-se clientes regulares de fornecedores eficientes (cujos preços são relativamente baixos). Os fornecedores ineficientes terão que aumentar sua eficiência ou mudar para outro ramo de produção. Assim, a eficiência é melhorada e um padrão complexo de uso produtivo de recursos surge (como Hayek dizia) de modo espontâneo.

Essa ordem — o resultado geral — não é planejada por ninguém. É espontânea.

E porque esse resultado espontâneo e não planejado surge de ações que são de interesse de donos de propriedade privada, cada um desses proprietários torna-se mais próspero. Ninguém é forçado a negociar com aqueles que preferir evitar e — ao ser livre para tirar vantagem de toda e qualquer oportunidade existente — cada pessoa escolhe a oportunidade disponível que trará os melhores proveitos para sua vida.

Uma das ideias mais profundas de Hayek é a de que os sinais recebidos pelos proprietários privados sobre como melhor usar sua propriedade vêm, sobretudo, na forma de preços — os preços de algumas opções *com relação aos* preços de outras. Um trabalhador que receber uma proposta para ganhar R$ 60 por hora por sua força laboral da empresa X e R$ 50 por hora da empresa Y, sem dúvida, escolherá trabalhar na empresa X, porque ela paga relativamente mais do que a empresa Y.

De forma semelhante, clientes que oferecem pagar R$ 100 pelo produto de uma empresa têm maior chance de adquirir o produto do que os clientes que oferecerem apenas R$ 80.

Reagir a preços dessa forma, não cria um paraíso na Terra. Mas incentiva milhões de pessoas a interagirem de modo pacífico umas com as outras de maneiras mutuamente benéficas.

Nenhuma pessoa, nenhum conselho, nenhum comitê, nenhum congresso, nenhum parlamento planeja que o resultado econômico geral será bem-sucedido. E essa é uma bela imagem, uma que demonstra que podemos ter prosperidade econômica sem outorgar poderes enormes a representantes governamentais — representantes que, sendo humanos, sempre se sentirão tentados a abusar de tal poder.

PROSPERIDADE INDIVIDUAL E ORDEM ESPONTÂNEA

> [A]os indivíduos deveria lhes ser permitido, dentro de limites definidos, seguir seus próprios valores e preferências, em vez de os das outras pessoas; que dentro dessas esferas, o sistema de objetivos individual deveria ser supremo e não sujeito a quaisquer ditames alheios. É esse reconhecimento do indivíduo como o máximo julgador de seus objetivos, a crença de que suas próprias visões, na medida do possível, deveriam governar suas ações, o que forma a essência da posição individualista.
>
> Friedrich Hayek (1944). *O Caminho da Servidão*.
> Em Bruce Caldwell (ed.), *The Road to Serfdom*, II
> (Liberty Fund Library, 2007): 102.

SE A PADEIRA BETTY PERCEBE QUE O PREÇO DOS CUPCAKES está subindo em relação ao preço do pão, ela transferirá parte de seus esforços — junto com parte da farinha, do fermento e de espaço em seu forno — da preparação de pão para a preparação de bolinhos.

A partir do ponto de vista de Betty, o preço mais alto que ela consegue auferir com a venda dos bolinhos é sinal de que ela pode lucrar mais assando e vendendo mais bolinhos. Do ponto de vista do economista, o preço mais alto dos bolinhos significa que os consumidores, agora, querem bolinhos adicionais de forma mais veemente do que queriam antes. Um bolinho extra produzido e vendido hoje cria maior satisfação no consumidor — ou, para usar o termo preferido dos economistas, maior "utilidade" — do que um bolinho produzido ontem. A alta do preço dos bolinhos reflete uma importante mudança no que os consumidores querem. A alta do preço também motiva fornecedores para reagirem de forma a atender essa mudança no gosto do consumidor.

Padeira — precisamos de mais bolinhos!

PROSPERIDADE INDIVIDUAL E ORDEM ESPONTÂNEA

Uma economia de mercado, logo, atinge duas importantes metas simultaneamente. (Por "economia de mercado", refiro-me a uma economia na qual não haja restrições legais sobre até quanto e em que direção os preços podem avançar; na qual os direitos à propriedade privada são assegurados; e na qual as pessoas são em grande medida livres tanto para auferir suas rendas da forma que escolherem individualmente, quanto para gastar suas rendas como bem entenderem.)

Em primeiro lugar, uma economia de mercado permite que pessoas visando o próprio interesse prosperem economicamente apenas servindo ao interesse dos outros. O empresário mais ganancioso consegue lucrar somente por oferecer bons negócios que são valorizados pelos consumidores. Da mesma maneira, o consumidor mais ganancioso consegue obter aquilo que quiser apenas por pagar aos fornecedores aquilo que eles acham atrativo. Adam Smith, o filósofo escocês que é reconhecido como o fundador da economia moderna, descreveu de modo célebre este processo: "Não é devido à benevolência do açougueiro, do cervejeiro ou do padeiro que esperamos poder jantar, mas pela preocupação deles com o próprio interesse (lucro). Nós nos dirigimos não à humanidade deles, mas ao amor-próprio que possuem, e nunca falamos com eles sobre nossas necessidades, mas sobre as vantagens que eles obterão".

Em segundo lugar, os preços definidos em economias de mercado "comunicam" às pessoas *como* elas podem, da melhor forma possível, servir aos interesses alheios. Os preços são a fonte de informações mais importante para produtores e consumidores, sobre o que eles podem esperar dos outros em economias de mercado.

É como os economistas Tyler Cowen e Alex Tabarrok, da George Mason University, descrevem: "Preço é um sinal embrulhado em um incentivo".

Uma economia de mercado, por conseguinte, expande a habilidade de cada um de nós para lutar por nossos objetivos, mobilizando a cooperação alheia. Você pode tentar ao máximo, mas jamais

O ESSENCIAL DE HAYEK

conseguirá ir, por exemplo, de Montreal a Vancouver, em meras cinco horas, sem a ajuda de inúmeras outras pessoas. Desde o piloto que conduzirá a aeronave, até o operário do campo de petróleo que ajudou a produzir o combustível, até o engenheiro que colaborou com o projeto dos motores do avião, até os milhões de outros produtores especializados. Os esforços deles expandem sua gama de escolhas; o conhecimento e habilidades únicos dessas pessoas oferecem a você opções para isso, coisa que nem em um milhão de anos seria capaz de fazer sem o auxílio deles.

É óbvio que essa expansão pelas economias de mercado de leque aberto de opções para cada um de nós é uma maravilhosa característica central da vida moderna. (Mais uma vez, pergunte-se quanto daquilo que consome todos os dias você poderia produzir sozinho, somente com seu próprio conhecimento e suas próprias mãos.) Porém, esse papel de expansão das opções nas economias de mercado contribui mais do que só a propósitos materialistas estritos. Ele também expande o leque de nossas opções "mais elevadas".

Com maior riqueza, cada um de nós pode dar-se ao luxo — se assim preferirmos — de ter mais tempo livre. De igual modo ocorre com a educação: os mercados (na medida em que os governos os permitem operar) tornam a educação melhor e mais acessível com o passar do tempo. Nós, habitantes de economias de mercado modernas, temos acesso não só a mais marcas de cerveja e a televisões de tela plana maiores, mas também a sublimes gravações de cantatas de Bach e óperas de Verdi, volumes acessíveis de Shakespeare, Tolstói e Hemingway, viagens seguras a cidades historicamente importantes, como Atenas e Roma, e até a atendimentos médicos e odontológicos com os quais o rei Luís xiv, a rainha Vitória e nem mesmo John D. Rockefeller jamais sonharam.

Além disso, o mercado expande nossa gama de escolhas individuais de forma ainda mais profunda: por conta de sua própria gênese, uma economia de mercado é aquela em que indivíduos não são

PROSPERIDADE INDIVIDUAL E ORDEM ESPONTÂNEA

amontoados e designados a cumprir tarefas sob o jugo de um único plano. Ao contrário de uma empresa ou outra organização que persiga uma única meta — tal como "lucrar o máximo possível produzindo e vendendo automóveis" —, uma economia de mercado não tem como objetivo o cumprimento de uma meta unitária, à qual todos na sociedade devem subordinar seus projetos e anseios.

Em uma economia de mercado, apenas regras básicas e abstratas são aplicadas — sobretudo, as leis de propriedade, contrato e responsabilidade civil, combinadas com sanções penais contra violência, roubo e fraude. E essas regras são praticamente todas negativas, no sentido de que elas não informam os indivíduos sobre o que fazer, mas, sim, sobre o que *não* fazer. O resultado é que cada indivíduo tem grande margem para formular seus próprios projetos de vida — e grande margem para escolher como concretizar seus projetos — sem antes ter que obter permissão de alguma autoridade.

As leis e normas daquela que Hayek chamou de "A Grande Sociedade" não são criadas para manobrar os indivíduos em determinada direção a fim de alcançar algum resultado global, grandioso, concreto e social. Do mesmo modo, essas leis e normas não são julgadas pela forma como realizam tal manobra. O motivo para isso é que a Grande Sociedade é aquela que oferece a cada pessoa o maior número de alternativas para formular e atingir seus sonhos *individuais*; não é uma sociedade na qual as pessoas são tratadas como meio para a conquista de objetivos maiores.

O fato de que a Grande Sociedade dá a cada indivíduo o maior número de alternativas para viver da maneira que lhe for mais conveniente, talvez ironicamente, é um dos principais motivos que desagradam as pessoas. A Grande Sociedade em si não oferece uma causa maior com a qual as pessoas possam se comprometer. A Grande Sociedade não insta os indivíduos a se reunirem conscientemente em prol de empolgantes esforços coletivos.

45

Contudo, isso não significa que não existam causas maiores para serem perseguidas pelos indivíduos. Na Grande Sociedade, cada indivíduo pode escolher e seguir suas próprias causas — inclusive causas nobres. E o indivíduo pode fazê-lo em conjunto com quantas pessoas conseguir convencer a se juntar a ele. Logo, ao contrário de uma premissa popular, causas maiores não precisam ser viabilizadas pela "sociedade". Essas causas podem ser escolhidas e definidas por indivíduos que interagem pacificamente uns com os outros dentro da Grande Sociedade. E uma das mais belas características disso tudo é que ninguém é forçado a trabalhar em função de metas que achar serem desagradáveis, ofensivas, indignas ou inatingíveis.

Talvez de forma irônica, ao permitir a maior liberdade possível para que cada um persiga suas próprias metas, o resultado é uma ordem social generalizada que muito merece ser descrita como "Grande".

ESTADO DE DIREITO, LIBERDADE E PROSPERIDADE

> *O conceito de liberdade sob a égide da lei... reside no argumento de que, quando cumprimos as leis, no sentido de normas gerais abstratas definidas a despeito de sua aplicação a nós, não estamos sujeitos ao arbítrio alheio e, consequentemente, somos livres.*
>
> **Friedrich Hayek (1960).** *A Constituição da Liberdade.*
> Em Ronald Hamowy (ed.), *The Constitution of Liberty*, XVII
> (Liberty Fund Library, 2011): 221.

COMO VIMOS ANTERIORMENTE, A PROSPERIDADE MODERNA nasce do uso do conhecimento de milhões de indivíduos distintos, espalhados pelo globo. Esse conhecimento é em geral muito detalhado, local e rapidamente mutável. Nenhum governo jamais poderá acumular tal conhecimento, compilá-lo de forma adequada e, depois, fazer com que gere efeitos de forma produtiva. A única maneira prática que conhecemos para garantir que o máximo possível desse conhecimento seja descoberto, compilado de modo devido e gere efeitos produtivos é confiando que milhões de pessoas descubram "pedaços" deste conhecimento e, em seguida, sozinhos, empreguem cada um desses pedaços. Ao dividir entre milhões de pessoas a tarefa de descobrir e aplicar o conhecimento, nenhuma se sentirá sobrecarregada por ter que absorver e usar mais conhecimento do que o humanamente possível.

É importante compreender que, sem liberdade, os indivíduos são confinados a se comportar apenas da maneira permitida pelas autoridades governamentais. Pessoas sem liberdade, por conseguinte, possuem menos alternativas e habilidades do que pessoas livres para ir atrás e pôr em prática tais conhecimentos locais e detalhados.

Um motivo importante para dividir entre milhões de pessoas as tarefas de descobrir e empregar pequenos pedaços do conhecimento é que nenhuma autoridade central poderá saber como dar ordens a esses indivíduos e o que eles irão descobrir. Mas como assegurar que pessoas livres — sem o direcionamento de alguma autoridade central sábia e onisciente — descubram, de fato, este conhecimento e o utilizem produtivamente? Como podemos ter tanta certeza de que pessoas livres não agirão com egoísmo de maneira a promover seus interesses individuais à custa do bem-estar geral?

Parte da resposta é que, em verdade, esperamos que as pessoas se comportem de forma egoísta, mas que tal comportamento egoísta acabe por beneficiar a todos. Em uma economia de mercado, os produtores querem se tornar os mais ricos possíveis, mas, para tanto, eles precisam competir entre si pela preferência do cliente. Este sistema recompensa o êxito em agradar os outros (clientes) e pune, com perdas econômicas, a falha nessa empreitada. Outra parte da resposta, no entanto, é o estado de direito. O estado de direito é um sistema de normas que são imparciais e aplicadas a todos, sem distinção — mesmo a representantes governamentais. Se todos estiverem vinculados às mesmas normas, ninguém poderá manipulá-las em benefício próprio.

ESTADO DE DIREITO, LIBERDADE E PROSPERIDADE

Uma norma será imparcial, se não for formulada para alcançar objetivos particulares. Uma norma imparcial visa apenas a impedir que as pessoas não hajam de formas manifestamente nocivas. São, na maioria das vezes, normas do tipo "não deverás", em vez daquelas que começam com "você, por meio deste, fica obrigado a".

Normas de trânsito em uma estrada são um bom exemplo. As normas de trânsito, como limites de velocidade e semáforos, não visam a direcionar os motoristas a uma localidade em particular. Destinos específicos, assim como as rotas que os motoristas usam para viajar para diferentes lugares, serão decididos por cada motorista. As normas da estrada não são feitas para determinar aonde os motoristas irão ou como farão para chegar lá. Em vez disso, essas normas são feitas, apenas, para oferecer ao motorista o maior número de alternativas possível para que chegue ao seu destino, independentemente da rota que escolher, de forma segura e confiável, enquanto ao mesmo tempo garante a segurança de todos os outros motoristas.

Fornecer tal garantia a cada motorista individual significa vincular todos os motoristas às mesmas normas. Se alguma classe de motoristas (digamos, pessoas com cabelo ruivo) fosse liberada para ignorar os semáforos, então a importância dos semáforos para todos os outros motoristas seria reduzida de forma drástica. Um motorista que se aproximasse de uma interseção, quando o farol de sua via estivesse verde, ainda teria que diminuir e olhar para os lados para ter certeza de que nenhum motorista ruivo estivesse vindo a todo vapor pelo cruzamento. Os acidentes de trânsito aumentariam e o fluxo ficaria mais lento.

Submeter todos os motoristas com imparcialidade às normas da estrada traduz-se em um conjunto confiável de expectativas de como os outros motoristas agirão. Todo motorista na América do Norte presume que todos os outros motoristas dirijam na mão direita da estrada. O resultado é que cada motorista pode locomover-se mais depressa, porque está livre da necessidade de conscientemente estar atento contra carros sendo guiados nas pistas da mão esquerda. O mesmo ocorre com os semáforos, placas de preferência, placas de "pare" e tantas outras normas da estrada que são obedecidas pelos motoristas de forma rotineira e, normalmente, sem pensar. Esse estado de direito da estrada norteia todos os motoristas a agirem em conformidade com as expectativas de todos os outros motoristas.

É claro, as normas não são perfeitas. Às vezes, elas são infringidas. E essas infrações, de tempos em tempos, ocasionam acidentes de trânsito. Mas o fato de que alguns motoristas, de vez em quando, ultrapassam o farol vermelho ou dirigem na contramão de uma via não significa que o estado de direito não prevalece em nossas ruas e estradas. Se os motoristas confiarem que as normas da estrada em geral são obedecidas, eles não hesitarão em usar seus automóveis para viajar de um lado ao outro para perseguir essas metas individuais.

Mas se os motoristas deixarem de acreditar que o estado de direito prevalecerá na estrada, dirigir irá se tornar um meio de transporte menos útil. Os motoristas ruivos (como no meu exemplo anterior), que têm permissão de ultrapassar os faróis vermelhos, podem, de fato, chegar mais cedo aos seus destinos do que os outros, mas a vasta maioria considerará dirigir um automóvel um meio menos útil do que seria se o estado de direito fosse universalmente aplicado. As pessoas dirigiriam menos e encontrariam mais dificuldades pelo caminho. O desgaste do estado de direito nas estradas obstruiria a habilidade das pessoas de alcançarem suas metas de trajeto se o estado de direito fosse cumprido em sua plenitude e aplicável a todos.

A mesma realidade do estado de direito nas estradas aplica-se à realidade do estado de direito de modo geral. Quando todas as pessoas, inclusive os representantes governamentais de maior hierarquia, encontram-se limitados pelas mesmas normas gerais e imparciais, todo indivíduo goza das melhores chances possíveis de alcançar os objetivos almejados da melhor maneira possível. A verdadeira isonomia reina para todos.

Essa isonomia é a igualdade perante a lei. Ela não garante igualdade de resultados. Mas significa que nenhum interesse de pessoa ou grupo específico obterá maior peso ou será selecionado em detrimento de outro. O resultado é que nenhum interesse de pessoa ou grupo específico será sacrificado em prol de privilégios especiais dados a outras pessoas ou grupos. Desta forma, uma sociedade se torna verdadeiramente uma sociedade de direito e não de homens.

O movimento real na direção de mais e mais igualdade perante a lei nos últimos duzentos e poucos anos, por sua vez, reduziu o papel das "identidades", tais como a classe social em que nasceu, a cor da pele ou a afiliação religiosa para determinar o sucesso ou fracasso na vida de uma pessoa. Sucesso ou fracasso veio se tornando cada vez mais determinado pelo caráter e pelos méritos — ou seja, pelo sucesso ou fracasso em cooperar em igualdade de condições com outras pessoas, sobretudo na produção de bens e serviços úteis para o mercado. O estado de direito, em consequência, desempenha um papel chave na garantia não só de nossas liberdades, mas também da prosperidade para o maior número possível de indivíduos.

LEGISLAÇÃO É DIFERENTE DE LEI

A legislação, o ato deliberativo para a confecção de leis, tem sido merecidamente descrita, entre todas as invenções do homem, como aquela imbuída das consequências mais graves, com os efeitos mais abrangentes, mais até do que o fogo ou a pólvora. Ao contrário da lei em si, que nunca foi "inventada" no mesmo sentido, a invenção da legislação veio um tanto tardiamente na história da humanidade. Ela colocou nas mãos dos homens um instrumento de grande poder, que eles precisavam para realizar coisas boas, mas eles ainda não aprenderam a controlá-lo a ponto de não realizar grandes males.

Friedrich Hayek (1973). *Direito, Legislação e Liberdade*, 1 (University of Chicago Press): 72.

O AVANÇO MAIS PROFUNDO EM NOSSO ENTENDIMENTO DE sociedade foi feito no século XVIII por um grupo notável de filósofos escoceses, entre os mais famosos estavam David Hume e Adam Smith. Esses escoceses explicaram que (citando outro escocês da época, Adam

Ferguson) "as nações tropeçam nas instituições, que são, de fato, resultado da ação humana, mas não resultado do projeto humano".

Um bom exemplo disso são os idiomas. Ninguém inventou os idiomas. Nenhuma pessoa ou conselho os planejou. Cada idioma *evoluiu* com o passar das gerações, para as "formas" particulares — vocabulário, gramática, sintaxe — que possuem hoje. Nenhum gênio ou comitê dos melhores e mais brilhantes linguistas inventou, por exemplo, a palavra "cadeira" para se referir a um objeto no qual os humanos se sentam. Nenhum projetista de idiomas decretou que a palavra "merci" comunicaria o significado compreendido pelos francófonos sempre que ouvem ou dizem tal palavra. O significado das palavras evoluiu com o passar do tempo pela experiência e uso repetitivos. Igualmente ocorreu com a gramática e a sintaxe de cada língua.

Os idiomas são com absoluta certeza o resultado da ação humana — neste caso, os esforços individuais nossos e de nossos ancestrais, em circunstâncias específicas, para transmitir significado a outros. ("Cuidado com aquela pedra que está caindo!", "Eu amo você", "Leve o martelo para o seu pai".) Mas nenhum dos milhares de idiomas naturais que já existiram na história é resultado da *concepção* humana. Nenhuma dessas línguas — nem inglês, nem francês, nem urdu, nem chinês, nem nenhuma — foi inventada. E, ainda assim, cada língua é uma ferramenta incrivelmente útil para que as pessoas falem e se comuniquem de maneiras complexas umas com as outras.

É óbvio, uma vez que uma língua se estabelece, é comum que lexicógrafos *codifiquem* esse idioma em dicionários, livros de sinônimos e livros de gramática. O *Dicionário da Língua Inglesa* do século XVIII, compilado por Samuel Johnson, exemplifica uma famosa codificação do idioma inglês. No entanto, essas codificações não criam o idioma. Samuel Johnson não *criou* o inglês; ele apenas registrou como o encontrou, no estado de evolução corrente nos meados de 1700. Se o Dr. Johnson tivesse escrito em seu dicionário que a palavra "cadeira" significava "matar a sangue frio", as pessoas não teriam, de repente, começado a usar "cadeira" como sinônimo de "assassinato". Em vez disso, as pessoas simplesmente teriam considerado o dicionário do Dr. Johnson como sendo inverossímil.

O que é verdade nos idiomas também é verdade na lei. O grande amontoado de leis que governam as interações humanas não foi inventado e projetado por algum grande Legislador. Muito pelo contrário, a lei emergiu sem um projeto centralizado. A lei evoluiu.

A lei contra o assassinato, por exemplo, não é produto da intenção ou de um projeto humano. Nunca houve uma tribo ou sociedade em que o tirar intencional de vidas de membros pacíficos daquela tribo ou sociedade fosse aceitável e, depois, se tornasse inaceitável apenas quando e porque alguns anciãos, um líder sábio ou uma assembleia publicamente eleita determinou que o ato de matar era errado. O ato de matar é, para usar uma frase do ordenamento jurídico anglo-americano, *malum in se* — é errado *por si só*. As pessoas não toleram o assassinato em seu meio; de alguma maneira, elas tomam medidas para prevenir o assassinato e punir — em geral, com muita severidade — aqueles que o cometem. Essas medidas são tomadas até quando não há governo formal que lidere tais esforços. O mesmo ocorre em casos de roubo, fraude, incêndio e muitos outros atos de violência e agressividade cometidos contra uma pessoa e propriedades de pessoas que, no mínimo, são consideradas como cidadãos daquele núcleo.

Algumas dessas leis podem estar arraigadas na composição genética humana. (Pais, naturalmente, fazem todos os esforços que estiverem ao seu alcance para proteger as vidas de seus filhos e para garantir que os assassinos de seus descendentes sejam punidos de forma apropriada. Sentimentos semelhantes, ainda que menos intensos, são de maneira natural sentidos por outros membros da família e amigos.) Outras leis podem ser baseadas mais em meras convenções sociais e religiosas — como a lei que dita que as mulheres nas sociedades ocidentais, ao contrário de algumas sociedades tribais africanas, nunca apareçam em público sem roupa na parte superior do corpo ou que mulheres, em muitas sociedades, jamais devem aparecer em público com os cabelos descobertos.

O que importa aqui é que, todos os dias, obedecemos a um vasto conjunto de normas que não são projetadas de forma intencional.

Considere como os estacionamentos de shopping centers são organizados em dias de compras movimentados. Imagine que você e muitos outros motoristas estejam transitando por um estacionamento lotado, cada um em busca de uma vaga para parar o carro. Eventualmente, você avista um carro que está prestes a sair da vaga. É provável que você pare a alguns metros de distância dessa vaga e ligue a seta para indicar sua intenção de estacionar naquele lugar. Quando outro motorista, também procurando uma vaga, vê seu carro parado com a seta ligada, ele sabe de imediato que você está reivindicando aquele lugar que em breve será desocupado. O outro motorista, embora desapontado por ter perdido a vaga, não obstante, ultrapassará você para continuar sua busca por uma vaga, deixando que essa seja ocupada por você.

LEGISLAÇÃO É DIFERENTE DE LEI

Neste exemplo cotidiano, tanto você quando o outro motorista estão governados por uma lei. A primeira pessoa que parou o carro perto da vaga prestes a ser desocupada e acionou a seta na direção desta é amplamente reconhecida como tendo estabelecido para si um direito temporário de propriedade àquela vaga. É um direito que, com frequência, outros motoristas reconhecem e respeitam.

Esta lei não está escrita em nenhum código legislativo. Não foi projetada por um comitê de especialistas na arte de estacionar. Surgiu, sem planos e sem maiores intenções, no curso das interações humanas. E serve ao útil propósito de reservar com tranquilidade uma das poucas vagas num estacionamento, de maneira amplamente aceita como sendo justa.

O exemplo de lei evoluída de forma espontânea que governa a reserva das vagas escassas num estacionamento é apenas um exemplo de lei evoluída. Um código muito mais significativo de leis evoluídas é a *lex mercatoria*, "Lei dos Mercadores".

Quando o comércio na região do Mediterrâneo começou a expandir-se rápido, cerca de mil anos atrás, contendas entre mercadores passaram a ocorrer naturalmente e com maior frequência. No entanto, não havia um único poder soberano com autoridade sobre todos esses mercadores que negociavam entre si — alguns deles estavam em Gênova, outros em Veneza, outros na Úmbria e outros nas mais diversas jurisdições políticas independentes, que na época se encontravam espalhadas por toda a região mediterrânea. Apesar disso, um sistema de leis altamente complexo e uniforme emergiu nesta imensa região para dirimir os conflitos comerciais. Essa lei é hoje conhecida no mundo anglófono como a Lei dos Mercadores, e nos países de língua latina como *lex mercatoria*.

Duas características da *lex mercatoria* merecem ênfase:

A primeira é que a *lex mercatoria* evoluiu espontaneamente das ações dos mercadores; não foi planejada e imposta por um rei, general militar ou parlamento. Práticas mercantes rotineiras passaram a ser conhecidas pelos mercadores e essas rotinas criaram expectativas em todos os mercadores sobre como eles e seus colegas agiriam sob diferentes circunstâncias. Porém, conflitos eram travados quando essas expectativas eram violadas — com ou sem intenção — ou quando aconteciam novas situações fora do comum. Os próprios mercadores estabeleciam e congregavam-se em tribunais para dirimir esses conflitos. Esses tribunais, normalmente, decidiam a favor das partes cujas ações eram mais consistentes com as práticas mercantes estabelecidas de antemão — e, por conseguinte, os tribunais em geral julgavam contra as partes cujas ações eram consideradas contrárias à prática mercantil previamente estabelecida.

Na realidade, da mesma maneira com que lexicógrafos olham para os significados de palavras estabelecidos de modo prévio e amplamente aceitos quando registram em seus dicionários esses significados, os tribunais de *lex mercatoria* voltavam-se a práticas mercantis bastante aceitas para dirimir conflitos e emitir decisões nos casos diante deles. Por meio desse processo, a lei é criada e modificada por práticas e interações humanas em curso e essa lei é mais tarde refinada e enunciada nas decisões das cortes. A característica mais importante para nossos propósitos é que ninguém projetou essa lei. Ela é o resultado da ação humana, mas não da concepção humana.

Uma segunda característica da *lex mercatoria* é que ela é amplamente obedecida, *mesmo sem um governo para implementá-la.* Para início de conversa, cada mercador, por norma, tinha grande convicção interior para seguir a lei — da mesma maneira que você tem convicções de cumprir a lei de reserva de vagas num estacionamento lotado. Ao "transgredir a lei", você arrisca receber retaliações alheias. Outros motoristas buzinarão furiosos para você e, talvez, até o confrontem cara a cara para tirar satisfações. (Infringir a lei de reserva de vagas, normalmente, causa apenas problemas menores para os outros, portanto as punições impostas aos infratores desta lei — olhares tortos, buzinadas repetitivas, algumas palavras ofensivas e coisas do tipo — são menores na mesma proporção.)

Para os mercadores, violar a *lex mercatoria* significava correr sérios riscos de danos a suas reputações profissionais. Um comerciante que não pagasse suas dívidas no prazo, ou que recusasse certa remessa de suprimentos em situações nas quais a prática comercial estabelecida exigia que fosse aceita tal remessa, tornava-se um comerciante que perdia oportunidades futuras de empréstimo ou negócio com outros mercadores. Pelo fato de essas oportunidades futuras serem bastante valiosas, os mercadores tinham fortes motivações pessoais para manter suas reputações como sendo cumpridores da lei. E a melhor maneira de obter e manter tal reputação era, de fato, *cumprir* a lei.

Sendo assim, não é nenhuma surpresa que o registro histórico demonstre que, mesmo quando os mercadores perdiam causas decididas pelas cortes de *lex mercatoria*, eles geralmente obedeciam ao sistema jurídico. Os mercadores obedeciam não porque o governo os forçava a obedecer; de novo, na maioria dos casos, não havia um governo disponível para fazer valer a *lex mercatoria*. Os mercadores obedeciam as decisões dos tribunais porque o descumprimento dessas decisões afetavam diretamente suas próprias reputações.

O método atual de reserva de vagas em estacionamentos lotados e a *lex mercatoria* são apenas dois de muitos exemplos de leis que são criadas de modo espontâneo e não necessariamente expressas em estatutos. Leis nem sempre são legisladas, mas em geral *são* obedecidas.

É claro, além de obedecermos as muitas leis que não são projetadas de forma intencional, acatamos às muitas normas que *são* conscientemente projetadas. Normas conscientemente projetadas por governantes são "legislações". Por isso, só obedecemos a legislação porque os governos irão nos multar, encarcerar ou executar se não as cumprirmos. E, embora respeitemos a autoridade governamental, respeitamos e obedecemos a legislação só porque é criada e imposta pelo governo. Ao contrário da lei, as ações consideradas erradas pela legislação são erradas só porque o governo as proíbe. Esses erros são *malum prohibitum* — só são considerados erros porque o governo os declarou como sendo errados.

No entanto, é importante ressaltar, a simples promulgação de um pedaço de legislação não confere necessariamente àquela legislação a força de lei. Embora normas legais não precisem ser criadas por uma autoridade soberana e escritas num estatuto para operar como lei genuína, existe também o caso de normas escritas num estatuto ("legislação") que não são vinculadas à população de forma obrigatória.

Por exemplo, de acordo com o código penal do Estado de Massachusetts, é um crime quando dois adultos, não casados, fazem sexo consensual entre si. Ainda assim, apesar do fato de esta proibição contra sexo consensual pré e extraconjugal tenha sido devidamente promulgada pela legislatura de Massachusetts e esteja expressa com transparência no código penal daquele estado, o sexo consensual pré e extraconjugal entre adultos em Massachusetts não é ilícito na prática. Nenhum policial daquele estado prenderia violadores dessa legislação. Nenhum juiz ou júri popular condenaria alguém, ainda que mediante confissão do cometimento deste "crime". E, se por acaso, algum policial completamente sem noção ou tribunal de hoje *tentasse* punir um casal por tal "crime", a indignação pública seria tão grande que a própria tentativa falharia. De fato, num caso como esse, o público consideraria que o policial e o tribunal — não o casal — infringiram a lei.

A importância de reconhecer a distinção entre lei e legislação vai além da semântica. Sua importância é dúplice.

Primeiro, a conscientização desta distinção nos proporciona uma melhor visão de que normas comportamentais socialmente benéficas quase sempre surgem e são impostas à margem do estado. É um mito acreditar que a lei é necessariamente um produto do projeto consciente dos detentores de autoridade soberana.

Em segundo lugar, não obstante os méritos ou deméritos do expansivo uso legislativo dos governos, o respeito natural que sentimos em relação à lei não deveria ser estendido sem questionamento à legislação. Um governo corrupto ou ignorante legislará de muitas maneiras socialmente destrutivas. Não deveríamos confundir os mandamentos de tais governos com lei — ou conformar-nos com a legislação apenas porque ela é comumente chamada de "lei".

FALSA SEGURANÇA ECONÔMICA E O CAMINHO DA SERVIDÃO

> *Mas as políticas que hoje são observadas em todos os lugares, oferecendo o privilégio da segurança [econômica], ora para um grupo, ora para outro, estão rapidamente criando condições nas quais a luta por segurança tende a tornar-se mais forte do que o amor pela liberdade. A razão para isso é que, sempre que se concede segurança plena a um grupo, a insegurança do restante, necessariamente, aumenta.*
>
> Friedrich Hayek (1944). *O Caminho para a Servidão.*
> Em Bruce Caldwell (ed.), *The Road to Serfdom*, II
> (Liberty Fund Library, 2007): 153.

INDISPENSÁVEL À CRIAÇÃO, MANUTENÇÃO E CRESCIMENTO da prosperidade disseminada é um sistema econômico que usa recursos escassos da forma mais eficiente possível para criar bens e serviços que satisfaçam ao máximo as demandas dos consumidores. Na medida em que o sistema econômico incentiva, ou até permite, que os recursos produtivos sejam desperdiçados, esse sistema falha em atingir o máximo de prosperidade possível. Se, digamos, grandes jazidas de petróleo abaixo da superfície terrestre permanecerem ocultas por conta do sistema econômico, que não recompensa adequadamente o esforço humano exigido para encontrar e extrair o derivado de carbono, então as pessoas ficarão sem combustível, lubrificantes, plásticos, remédios e outros produtos úteis que poderiam ter sido — mas não são — produzidos deste petróleo.

O sistema que melhor assegura que os recursos sejam usados da maneira mais eficiente possível é o capitalismo de livre mercado — um sistema econômico baseado em direitos de propriedade privada transferíveis, liberdade contratual, estado de direito e soberania do consumidor. Esta última característica do capitalismo de livre-mercado é o direito de cada consumidor para gastar seu dinheiro da forma que achar mais conveniente. Ele pode gastar muito ou pouco de sua renda da maneira que optar (e deixar para economizar no que puder), e pode mudar seus padrões de gasto sempre que quiser e gastar em qualquer coisa que preferir.

Em resumo, a soberania do consumidor significa que a economia é norteada pela satisfação do cliente, não dos produtores. Este aspecto de uma economia de mercado é importante enfatizar, porque frequentemente nos dizem o contrário, ou seja, que uma economia de mercado é norteada para beneficiar sobretudo os produtores. Entretanto, em economias eficientes, os produtores — inclusive empreendedores, investidores, negócios e operários — não são fins em si mesmos. As atividades, por mais valiosas que sejam, são meios em vez de fins. Essas atividades são justificadas e valiosas apenas se, porque e na medida em que produzirem resultados que caiam no gosto dos clientes. Se os consumidores mudarem seus padrões de gasto (como o fazem com frequência), os produtores deverão mudar para se adaptarem aos novos hábitos de gasto dos clientes.

A liberdade dos produtores para responderem às demandas dos clientes, e até antecipá-las, é tão crucialmente importante para o

FALSA SEGURANÇA ECONÔMICA E O CAMINHO DA SERVIDÃO

sucesso da economia de mercado, que as pessoas, quase sempre, incorrem no erro de considerarem a liberdade econômica como sendo, em especial, uma liberdade de *negócios*. Na raiz, a liberdade econômica é, em verdade, liberdade de *consumo*.

É claro, como a máxima liberdade possível do consumidor requer liberdade para que empresas e empreendedores possam competir com vigor pelo gosto do cliente, a defesa dos livres-mercados frequentemente requer a defesa do lucro, assim como da liberdade de negócios, para experimentar diferentes maneiras de obtenção de dividendos. Companhias petrolíferas que não tenham permissão de auferir lucros suficientes para encontrar novas jazidas de petróleo não investirão os recursos exigidos para perfurá-las. Empreendedores novatos, impedidos de exercer uma profissão em virtude de entraves na concessão de licença especial para tal, serão incapazes de oferecer seus serviços a consumidores que possam vir a se interessar por aquela atividade em particular. A defesa dos lucros e da liberdade de negócios, contudo, é uma defesa, sobretudo, dos principais *meios* que o mercado utiliza para garantir que os consumidores sejam servidos da melhor maneira possível.

O fato de que a subsistência de cada um está associada de modo desproporcional ao que produz, e não ao que consome, cria um problema prático no fim das contas. Cada pessoa, como produtora, trabalha apenas em um ou dois empregos; cada pessoa recebe uma renda de apenas uma ou duas fontes. Contudo, cada pessoa, como consumidora, compra milhares de itens distintos.

Uma mudança no preço de um ou mais bens de consumo tem impacto muito menor no bem-estar de um indivíduo do que uma mudança no preço pago àquele indivíduo pelo que ele produz ou pelos serviços que oferece. Na posição de cliente, é óbvio que eu iria preferir que o preço dos meus hambúrgueres favoritos ou das músicas que gosto não subisse vinte por cento, mas tais altas não me afetariam tanto. Por outro lado, como produtor, eu sofreria substancialmente se minha renda caísse vinte por cento. É muito mais provável que eu reclame com severidade de uma queda na minha renda (e reaja proporcionalmente) do que reclame e reaja a uma alta nos preços das coisas que compro como consumidor.

Políticos de países democráticos naturalmente reagem a essas preocupações. O foco intenso das pessoas em seus interesses como produtores, e relativa falta de atenção aos interesses como consumidores, leva-os a insistir para que sejam criadas políticas governamentais que promovam e protejam seus interesses como produtores.

Se as políticas governamentais, que protegem os interesses das pessoas enquanto produtoras, se limitarem a evitar que elas e suas fábricas, ferramentas, estoques e outras propriedades sejam objeto de violência, roubo, fraude e quebra contratual, então não há perigo. Na verdade, tal proteção aos produtores — ao lado de garantias contra tributação e regulação excessivas — é essencial para a prosperidade econômica. No entanto, o problema começa quando o governo visa a proteger os produtores (inclusive operários) das forças mercadológicas — quando o governo passa a blindar os produtores de ter que competir pelo gosto do consumidor. Tamanha proteção não promove capitalismo de livre mercado, mas capitalismo clientelista.

Para que o governo assegure que alguns produtores — digamos, produtores de trigo — não sofram com diminuição em seu bem-estar econômico, exige-se que ele restrinja as liberdades dos consumidores, de outros produtores ou dos contribuintes. Privilégios especiais concedidos a produtores de trigo ocorrem na forma de encargos especiais impostos a outros.

Consumidores que exercem sua liberdade para comprar menos pães de trigo (digamos, porque passaram a gostar mais de pão de centeio) farão com que caiam as rendas dos produtores de trigo, podendo até levar alguns deles à falência. Para proteger os produtores de trigo desta consequência da soberania do consumidor, o governo se vê obrigado a intervir, sustentando artificialmente a demanda por trigo. Para sustentar artificialmente a demanda por trigo, por sua vez, exige-se a adoção de políticas tributárias punitivas sobre os produtores de centeio (para desencorajá-los a produzir tanto centeio), restrições na importação de centeio vindo de países estrangeiros ou mesmo a determinação para que os consumidores continuem a comprar, no mínimo, a mesma quantidade de pão de trigo que compravam antes.

Qualquer que seja a política adotada pelo governo para proteger os produtores de trigo das consequências da escolha voluntária dos consumidores, essa proteção *ocorrerá* à custa dos outros. As outras pessoas — sejam consumidores, sejam produtores ou contribuintes — também se tornam um pouco menos livres em decorrência dos esforços do governo para proteger os produtores de trigo dos aspectos negativos da mudança econômica.

Se o governo protege apenas os produtores de trigo da concorrência — se o governo isenta apenas os produtores de trigo de terem que seguir as mesmas normas de uma economia de mercado que são obedecidas por todos os outros —, o dano resultante à economia (sobretudo em países grandes e avançados, como o Canadá e os Estados Unidos) será mínimo. O resultado é que os produtores de trigo, de fato, ficarão numa situação significativamente melhor, enquanto a grande maioria — em especial os consumidores e contribuintes — sofrerá tão pouco com as consequências, que o sacrifício talvez passe despercebido.

Os políticos receberão aplausos, votos e muito mais apoio político por parte dos produtores de trigo, sem sofrerem uma correspondente perda de popularidade, votos e apoio político de não produtores de trigo. Os políticos, então, acharão fácil e cativante ganhar ainda mais apoio político ao conceder proteção similar a outros grupos produtores — digamos, metalúrgicos ou pilotos de avião.

Enquanto o governo isenta mais e mais produtores das regras do mercado — ou seja, enquanto o governo dispensa mais e mais produtores da necessidade de ter de concorrer, sem privilégios especiais, pela preferência dos consumidores, gozando dos benefícios de seus êxitos e sofrendo com as consequências de seus fracassos — os custos totais de tal proteção elevam-se e, posteriormente, tornam-se cada vez mais perceptíveis. A desaceleração do crescimento econômico para o cidadão comum se torna evidente. As pessoas começam a se preocupar mais com o futuro econômico.

Ao ver o governo expandir seu manto protetor sobre um número cada vez maior de produtores, aqueles que ainda não receberam tal proteção naturalmente começam a clamar por ela. Primeiro, esses produtores, compreensivelmente, sentem como se o governo os estivesse

FALSA SEGURANÇA ECONÔMICA E O CAMINHO DA SERVIDÃO

maltratando de modo injusto ao não lhes conceder o que outorga a tantos outros produtores.

Em segundo lugar, quanto maior o número de produtores que estiverem protegidos dos malefícios da concorrência econômica, maior o impacto negativo daquela proteção sobre os consumidores e o número relativamente pequeno de produtores que ainda não estão protegidos. Se todo o ônus da adaptação às mudanças econômicas estiver focado numa parcela cada vez menor da população, cada uma dessas pessoas deverá fazer um ajuste ainda maior do que se o ônus da adaptação à mudança econômica estivesse mais amplamente dividido.

Se o governo se mantiver comprometido a proteger contra os aspectos negativos da mudança econômica todos os que clamam por ela, os poderes do governo devem, necessariamente, expandir-se até que reste pouquíssima liberdade de ação para os indivíduos. E é este comprometimento teimoso de proteger números cada vez maiores de pessoas das consequências negativas das mudanças econômicas que Hayek afirmou ao abrir o caminho para a servidão.

Está claro que o governo em discussão deve ter enorme poder discricionário sobre várias áreas da ação humana, se quiser tentar proteger um grande número de pessoas dos momentos de crise em mudanças econômicas. Toda vez que os empreendedores inventam novos produtos que ameaçam a parcela do mercado de produtos já existentes, os proprietários das empresas que produzem aqueles produtos existentes sofrerão com baixas demandas por seus serviços. Assim também ocorre com os trabalhadores das fábricas que manufaturam aqueles produtos existentes. As rendas desses proprietários e trabalhadores cairão e alguns podem até perder seus empregos em decorrência da introdução de produtos novos e competitivos.

Exatamente o mesmo processo se aplica para *qualquer* mudança econômica. Novas importações do exterior ameaçam produtores domésticos de artigos que concorrem com essas importações.

Tecnologias que substituem a mão de obra humana ameaçam o sustento de alguns trabalhadores, cujas habilidades concorrem com as tarefas que agora podem ser executadas a baixos custos por essas novas técnicas. Alterações demográficas — digamos, no envelhecimento populacional — fazem cair as demandas por alguns bens e serviços (por exemplo, carrinhos de bebê e enfermeiras pediátricas) da mesma forma que eleva a demanda por outros bens e serviços (por exemplo, carros sedã e cirurgiões cardíacos).

Mesmo simples modificações cotidianas no gosto do consumidor, afastando-se de alguns produtos e aproximando-se de outros, desencadeiam mudanças econômicas que, inevitavelmente, ameaçam a renda e a classe econômica de algumas pessoas. Há muitos anos, a enorme popularidade da dieta de Atkins, baixa em carboidratos, diminuiu a demanda do consumidor por alguns alimentos, como pão e cerveja, e aumentou a procura por alimentos com pouco carboidrato, como frango e carne vermelha. Em virtude disso, padeiros e cervejeiros sofreram perdas em suas rendas; já fazendeiros e açougueiros desfrutaram do aumento de suas rendas. Se o governo tivesse a intenção de evitar que padeiros e cervejeiros vivenciassem tais perdas, ele precisaria impedir de alguma forma que as pessoas mudassem seus hábitos alimentares ou teria que elevar os impostos da população em geral para transferir a renda auferida para os padeiros e cervejeiros.

Independentemente do método empregado, um governo que estiver determinado a proteger as pessoas de qualquer desvantagem de uma mudança econômica, exigirá poderes praticamente ilimitados de regulação e tributação. Enquanto as pessoas tiverem vontade e puderem ser flexíveis o bastante para mudar suas vidas para melhor — por exemplo, mudar suas dietas, inventar tecnologias que poupem a mão de obra exigida para certas tarefas ou economizar mais dinheiro para suas aposentadorias —, alguns cidadãos acabarão por sofrer com a queda em suas rendas. A única maneira de evitar tais quedas é entregando nas mãos do governo o controle quase total da economia.

Infelizmente, pelo fato de o crescimento econômico ser uma mudança econômica que exige a árdua transferência de recursos e trabalhadores de antigas indústrias que deixaram de ser lucrativas para novas indústrias, quando se evita qualquer tipo de queda na renda, acaba-se impedindo que haja crescimento econômico. A economia se torna ossificada, estática e moribunda. Portanto, proteger o tempo todo os cidadãos contra o risco da diminuição de sua renda não significa apenas ser comandado por um imenso e poderoso governo, praticamente sem limites à sua discricionariedade, mas também erradicar todas as perspectivas de crescimento econômico. De modo inevitável, no fim deste caminho, criado com a boa intenção de proteger todos os produtores contra perdas, não se encontra apenas servidão, mas também uma pobreza sem fim.

EXPANSÃO E CONTRAÇÃO ECONÔMICAS (*BOOM* E *BUST*)

> *Na verdade... as próprias medidas recomendadas pela teoria "macroeconômica" dominante para solucionar o desemprego, ou seja, o aumento da demanda agregada, provocaram uma ampla má distribuição de recursos, que provavelmente tornará inevitável uma situação de desemprego em larga escala. A injeção contínua de verbas adicionais em áreas do sistema econômico onde se cria uma demanda temporária, que acaba por cessar quando o aumento das verbas para ou diminui, junto com a expectativa de uma elevação contínua dos preços, compele o trabalho e outros recursos para os empregos, que podem durar pelo tempo que o aumento da verba continuar na mesma proporção – ou, talvez, somente pelo tempo que continuar a acelerar em determinada proporção.*
>
> Friedrich Hayek (1974). *A Pretensão do Conhecimento.* Discurso feito ao receber o Prêmio Nobel de Economia. Em Bruce Caldwell (ed.), *Markets and Other Orders*, XV (Liberty Fund Library, 2014): 367

I. O PAPEL DA "DEMANDA AGREGADA"

Pessoas de negócios sabem que seus lucros aumentam e diminuem de acordo com a ascensão e queda na demanda pelos produtos que vendem. Se mais clientes pagantes estiverem entrando e saindo por suas portas, os tempos estão prósperos. Menos clientes, por outro lado, significam tempos ruins — e, para muitas empresas, até falência.

O mesmo ocorre com os trabalhadores. Eles entendem que quanto maior a demanda pelos produtos de seus empregadores, maior a demanda por sua mão de obra. Quando os negócios estão em expansão, seus empregos estão mais seguros e seus salários aumentam. Quando os negócios vão mal, os empregos ficam menos garantidos e os salários mantêm-se estagnados.

Esse entendimento por conta de empresários e operários com relação à importância da alta demanda de suas empresas e indústrias está correto. Mas, como explicamos no capítulo anterior, nossos papéis como produtores podem nos induzir ao erro e nos fazer chegar a conclusões equivocadas a respeito da economia como um todo. Um exemplo de conclusão equivocada sobre a economia como um todo é que as crises econômicas — recessões — são causadas por pouca demanda global. A conclusão equivocada subsequente é que a solução adequada para as recessões dá-se por meio de um conjunto de políticas públicas que aumentem a demanda.

Pelo fato de que uma ampla recessão econômica afeta quase todas as empresas e indústrias, não só algumas, a demanda que é dita ser muito baixa durante as recessões é chamada de "demanda agregada". Demanda agregada é a demanda *global* em uma economia para todos os bens e serviços.

O livro de economia mais influente do século xx é *Teoria Geral do Emprego, do Juro e da Moeda*, escrito pelo economista britânico John Maynard Keynes (1883-1946). Keynes conclui que, assim como a alta

EXPANSÃO E CONTRAÇÃO ECONÔMICAS (BOOM E BUST)

demanda é crucial para o sucesso de uma empresa individual, alta demanda *agregada* é a chave para o sucesso de uma economia como um todo.

De acordo com a visão de Keynes, as recessões econômicas são causadas por pouca demanda agregada. A solução para as recessões, portanto, é aumentar a demanda agregada. E a melhor maneira para aumentar a demanda agregada é fazer com que o governo amplie seu gasto até que a saúde econômica seja restabelecida — isto é, até que o pleno emprego seja alcançado.

Essa visão keynesiana é bastante difundida. Ela parece fazer muito sentido. Mas sofre de falhas gravíssimas. E, talvez, sua maior falha seja o foco na demanda agregada.

Ao focar-se na demanda agregada, a economia keynesiana ignora os detalhes importantíssimos ("microeconômicos") de uma economia. Esses detalhes fundamentais são o quão bem ou mal cada uma das muitas partes individuais de uma economia se "encaixam" e trabalham juntas para gerar bens e serviços para os consumidores e para criar oportunidades de emprego para os trabalhadores.

Por exemplo, se você tiver todas as partes de um automóvel espalhadas de modo aleatório em uma grande sala, o motivo principal para que não tenha um carro operante é que você não quer tê-lo ou que falhe na "demanda" para tal. Em vez disso, o motivo principal para que não tenha um carro operante é que aquelas partes não estão encaixadas de forma a permitir que todas operem em harmonia, criando assim um carro dirigível e confiável. É verdade que ninguém empregará energia e iniciativa requeridas para juntar todas as partes de um veículo funcional se não houver demanda (ou for muito pequena) para criar um veículo. Mas seu *desejo* de ter um carro dirigível não é exatamente o principal obstáculo entre você e um veículo operante. O principal obstáculo é o desafio de mobilizar todo o conhecimento envolvido de juntar essas peças para montar um carro *e* motivar as pessoas para que empreguem seus esforços para realizar a montagem.

O desejo de quase todo mundo de possuir e utilizar automóveis, além de muitos outros bens e serviços, sempre depende de sua existência. O desafio é garantir que os produtores tenham o conhecimento e os incentivos para que, de fato, produzam bens e serviços que as pessoas queiram. O desafio, em outras palavras, é compreender os *detalhes* econômicos para que os produtores tenham o conhecimento e o incentivo necessários para produzir a combinação "certa" de resultados.

Preços relativos são a principal fonte tanto desse conhecimento quanto desses incentivos. Preços relativos são os preços de alguns bens e serviços *em relação aos* preços de outros bens e serviços. Um bom exemplo é o preço de um automóvel da Toyota em relação ao preço de um automóvel da Ford e de um automóvel da Honda, ou o preço de um alqueire de trigo em relação ao preço de um alqueire de centeio ou um alqueire de arroz.

Os preços relativos representam os "direcionadores" mais importantes da atividade econômica. Se o padrão de preços relativos refletir precisamente as diversas demandas de consumidores tão bem quanto os custos dos insumos que poderão ser usados para satisfazer tais demandas, então empreendedores, investidores e consumidores serão conduzidos por esses preços a agir de maneira a transformar o encaixe de todas as "peças" da economia em uma unidade produtiva. A economia em sua totalidade funcionará em perfeito equilíbrio.

Se, por exemplo, consumidores passam a gostar de laranjas mais do que no passado, então o preço das laranjas subirá em relação ao preço das toranjas. Fazendeiros logo produzirão mais laranjas e relativamente menos toranjas. Ou se a oferta de minério de ferro cair, o preço do aço aumentará em relação ao preço do alumínio. Os fabricantes modificarão sua produção para que usem menos aço e mais alumínio para elaborar seus produtos. Se o preço da gasolina aumentar, os consumidores encontrarão maneiras de dirigir menos, e também comprarão carros mais econômicos. Se o salário das enfermeiras subir em relação aos salários de professores escolares, mais jovens estudarão enfermagem e menos estudarão pedagogia. Se as taxas de juros caírem, empresas aumentarão seus investimentos em atividades como expansão fabril, treinamento operário, pesquisa e desenvolvimento.

Mas como eu poderia saber que as pessoas não queriam mais toranja? Ainda estou cobrando 50 centavos o quilo, como no ano passado e no ano retrasado.

Mudanças nos preços de um produto em relação ao outro norteiam empresas no sentido de aumentarem as produções dos bens e serviços que os consumidores agora demandam mais intensamente (bens e serviços cujos preços estão em alta) e diminuírem a produção de itens que os consumidores desejam com menos intensidade do que antes (bens e serviços cujos preços estão em queda). Importante ressaltar que o padrão de preços relativos também "informa" as empresas e os empreendedores sobre como elaborar seus produtos com o menor custo possível. Por exemplo, se o preço do gás natural cai em relação ao preço da eletricidade, alguns donos de empresas, que em outra situação teriam usado eletricidade para aquecer suas fábricas ou escritórios, preferirão usar gás natural.

Se o padrão de preços relativos dos bens e serviços do consumidor reflete precisamente as diferenças na intensidade das demandas do consumidor para tudo o que é produzido na economia — com preços em alta para produtos com maior demanda e em queda para produtos com pouca demanda —, os produtores "saberão" qual será a melhor combinação de produtos a serem colocados à venda para os clientes. E os produtores terão incentivos para "ouvirem" esses preços. O motivo é que os produtores lucram mais ao expandirem as produções cujos preços estão em alta. Da mesma forma, os produtores evitam perdas ao produzirem menos itens cujos preços estão em queda.

Compreender bem todos esses detalhes da precificação é peça-chave para uma economia saudável.

Numa economia de mercado competitiva baseada em direitos de propriedade privada, as pessoas tendem a tomar decisões corretas. Nem sempre, é claro. Mas, de um modo geral, as decisões econômicas que as pessoas tomam em mercados são sensatas. O motivo é que cada indivíduo obtém ganho pessoal ao fazer escolhas sábias sobre como usar seus recursos e tem perdas pessoais ao fazer escolhas ruins.

Nossa confiança na "correção" geral das escolhas econômicas das pessoas, no entanto, requer que os preços que os cidadãos usam para nortear sua tomada de decisões sejam de fontes razoavelmente precisas de informação. Há confusão quando os preços não refletem realidades. Se os consumidores vierem a demandar mais laranjas e menos toranjas, mas o preço das laranjas não subir em relação ao preço da toranja, plantadores de frutas cítricas não "saberão" que devem cultivar mais laranjas e menos toranjas. Trabalhadores e recursos demasiados serão usados para cultivar toranjas; e pouquíssimos trabalhadores e recursos serão aplicados para cultivar laranjas. Esses trabalhadores e recursos serão *mal investidos* — ou seja, esses trabalhadores e recursos

EXPANSÃO E CONTRAÇÃO ECONÔMICAS (BOOM E BUST)

serão investidos em processos de produção que deixam de atender da melhor maneira possível as demandas dos consumidores.

Do mesmo modo, se os estoques de aço diminuírem enquanto os estoques de alumínio aumentarem, mas o preço do aço não aumentar em relação ao preço do alumínio, os produtores não "saberão" que devem usar menos aço e mais alumínio em seus planos de produção. A escassez de aço acabará por aumentar, dificultando a produção de bens feitos com o metal.

Se apenas os preços de poucos mercados falham em refletir precisamente as realidades econômicas implícitas (como a intensidade da demanda do consumidor por laranjas em relação à demanda por toranjas), a economia não sofre muito. Mas quando os preços em geral estão fora do controle — quando os preços na maioria dos mercados emitem *des*informação — crescem as dificuldades econômicas generalizadas. Empreendedores e investidores envolvidos na economia, por conseguinte, agirão de acordo com falsas informações sobre o gosto dos consumidores e sobre quais insumos tornarão possíveis meios mais baratos para satisfazer tais desejos.

Com uma falha tão generalizada nos preços que coordenam os planos dos produtores com os planos dos consumidores, a atividade econômica fica estagnada. Alguns produtores descobrem que não poderão vender toda a produção que fabricaram. Outros produtores veem-se incapazes de obter todos os insumos necessários para conduzir seus planos de produção. Outros ainda aprendem que, se tivessem fabricado mais de seus produtos, poderiam ter vendido mais também.

Se os preços forem livres para se ajustar em resposta a essas descobertas de equívocos, eventualmente, assim o farão. Por conta disso, o padrão de preços guiará de forma mais precisa os empreendedores e investidores na direção certa sobre o que produzir e como melhor produzir esses bens e serviços. Contudo, tais ajustes nas atividades de produção não são instantâneos. Eles levam tempo. Pomares plantados com árvores de toranja não serão transformados de imediato em pomares com laranjeiras. Redesenhar a carroceria de um automóvel ou o invólucro de um reprodutor de MP3, para que seja feito com mais alumínio e menos aço, não ocorre no piscar de olhos de um gerente de fábrica.

O desemprego cresce durante o período que leva para esses ajustes serem feitos. Operários de indústrias com estoques encalhados são dispensados e tempo é exigido para que eles encontrem emprego em outro lugar. Mesmo indústrias que se expandem em resposta a preços mais precisos, em geral demandam mais tempo para reorganizar os projetos e as instalações de sua produção para permitir que seja lucrativa a contratação de novos trabalhadores.

O tempo que leva para as empresas se reorganizarem por conta de planos de produção feitos quando os preços estavam imprecisos é o mesmo durante o qual números excepcionalmente grandes de trabalhadores ficam desempregados.

Esse desemprego não é causado por pouca demanda agregada. Portanto, tal desemprego não pode ser solucionado com mais gastos governamentais ou outros esforços para aumentar a demanda agregada. Em vez disso, esse desemprego é causado pela falha generalizada dos preços individuais na hora de transmitir informações precisas para empreendedores e investidores sobre quais produtos específicos eles deveriam produzir e sobre qual seria a melhor maneira de produzi-los. A única forma de solucionar esse mau investimento é permitir que os preços se ajustem, de maneira a melhor refletirem os desejos dos consumidores e a realidade da disponibilidade de recursos. Mais uma vez, essa solução requer tempo — tempo para que os preços se adaptem e para que os trabalhadores encontrem novos empregos mais economicamente sustentáveis.

II. OS EFEITOS DE UMA POLÍTICA MONETÁRIA RUIM

O que pode causar tamanha falha generalizada na hora de transmitir informações razoavelmente precisas? Na verdade, o culpado mais provável é uma política monetária mal elaborada.

Se a oferta monetária estiver estável — isto é, se a oferta monetária não estiver expandindo ou contraindo de forma arbitrária —, é bem provável que o padrão de preços esteja correto. Não há um bom motivo para supor que em uma economia em que os mercados estejam de maneira satisfatória competitivos e operantes, de repente, os preços *em geral* passem a ficar fora de controle, a ponto de quantias significativas de recursos e mão de obra serem levadas a indústrias às quais elas não pertencem. Mas se a oferta monetária em si for modificada, o padrão de preços pode muito bem ser gravemente distorcido.

Se a autoridade monetária (na maioria dos países, um banco central, com poder e autoridade de elevar ou baixar a oferta monetária) injeta fluxos de moeda na economia, distorções significativas podem ocorrer. O motivo é que o dinheiro recém-impresso entra na economia de maneiras específicas — por meio de empréstimos bancários, para ser mais claro. Esse dinheiro novo, então, espalha-se pelo resto da economia a partir desses pontos de entrada. Aqueles que primeiro receberam o dinheiro recém-criado gastam-no em determinados bens e serviços. Para facilitar a explanação, vamos supor que o novo dinheiro seja gasto, primeiro, na aquisição de novos carros (por clientes bancários que usam seu empréstimo para financiar tais compras).

A injeção na economia de fluxos de moeda fará, assim, com que o preço dos carros suba em relação ao preço de todos os outros bens e serviços. Essa alta nos preços dos carros conta uma mentira econômica para as pessoas por intermédio da economia. Empreendedores e investidores, diante do aumento dos preços dos carros em relação aos preços de motocicletas, viagens aéreas, calças jeans, pão e todos os

O ESSENCIAL DE HAYEK

outros bens e serviços, são iludidos pelo falso entendimento de que há um crescimento genuíno na demanda por carros em relação às demandas por outros bens e serviços.

Contudo, em realidade, os preços mais altos dos carros refletem apenas o fato de que entre os compradores de carros estão pessoas sortudas o bastante para serem as primeiras a gastar o dinheiro recém-impresso. Essa demanda adicional por carros não é "real". Essa demanda adicional não reflete pessoas produzindo mais itens para auferir maior renda e gastar em carros novos. A demanda adicional por carros também não deriva de indivíduos que diminuíram suas aquisições em outros mercados para passar a comprar mais carros.

Em resumo, essa demanda elevada por carros reflete apenas o fato de que dinheiro novo foi impresso e a princípio gasto, assim que entrou na economia, com a aquisição de carros.

Uma vez que o fluxo de moeda nova entrando na economia para, e essas pessoas não têm mais dinheiro recém-impresso para comprar, elas param de gastar, como faziam antes de obter o dinheiro novo. A demanda por automóveis voltará a cair para o nível anterior (ou seja, a demanda por automóveis cairá para o nível anterior à elevação artificial gerada pelo gasto do dinheiro novo). Mas se moeda suficiente for criada e continuamente injetada na economia por um longo período, os preços dos carros subirão o bastante — e permanecerão altos por tempo suficiente — para fazer com que empreendedores e investidores transfiram parte dos recursos de outras indústrias para a produção de automóveis.

Os fabricantes de automóveis serão os próximos na fila do gasto do dinheiro há pouco injetado na economia. Se os fabricantes de automóveis gastarem todo o dinheiro adicional que ganharam, digamos, com roupas, os preços das roupas serão os próximos a subirem. Vendedores de roupas, por sua vez, gastarão o novo dinheiro que *eles* ganharam de outra forma — digamos, com brinquedos infantis e eletrodomésticos. Os preços dos brinquedos e dos eletrodomésticos subirão em seguida.

82

EXPANSÃO E CONTRAÇÃO ECONÔMICAS (BOOM E BUST)

Mais cedo ou mais tarde, o dinheiro novo penetrará em todas as entranhas da economia. Esse dinheiro novo acaba por tomar conta de todos os mercados. O resultado final é que o *nível* dos preços em geral — ou seja, a média de todos os preços — aumenta, mas todos os preços individuais, *uns em relação aos outros*, ficam inalterados com relação ao que eram, antes da injeção de moeda nova na economia. Por exemplo, se, por causa da injeção de dinheiro novo, o preço dos automóveis aumentar de R$40.000 para R$60.000 e o preço das motocicletas aumentar de R$20.000 para R$30.000, o interesse dos fabricantes em produzir automóveis em relação ao interesse de produzir motocicletas permanecerá inalterado: os carros continuarão a valer o dobro das motocicletas.

III. ONDE SE ENCAIXAM AS TAXAS DE JUROS

O que se aplica às distorções nos preços relativos aos bens de consumo (como automóveis e motocicletas) também se aplica às distorções nos preços dos bens de consumo em relação aos preços de bens de capital (como escavadeiras e arranha-céus). Em verdade, Hayek defendia que as distorções nos preços dos bens de capital em relação aos bens do consumidor são as principais fontes de expansões e contrações econômicas (*booms* e *busts*). O motivo tem a ver com o papel central de um conjunto de preços em particular: taxas de juros.

As taxas de juros traduzem a "preferência temporal" das pessoas, ou seja, a preferência delas por consumir hoje em vez de postergar o consumo até amanhã. Quanto menor a preferência temporal das pessoas, mais dispostas elas ficam para postergar o consumo. E quanto mais pessoas estiverem dispostas a postergar o consumo, mais

83

dinheiro elas poupam. Mais dinheiro poupado, por sua vez, significa menor taxas de juros (os bancos ficam com mais dinheiro em caixa para emprestar). Quanto menores as taxas de juros, mais atrativos se tornam os investimentos em longo prazo.

Por exemplo, uma linha férrea transcontinental que leve dez anos para ser construída é um investimento mais atrativo para o potencial construtor se a taxa de juros for de três por cento em vez de dez por cento. Isso porque o montante de juros que deverá ser restituído quando a linha férrea finalmente começar a operar e gerar receita será muito menor se o construtor tomou um empréstimo a uma taxa de três por cento em vez de uma taxa de dez por cento. Portanto, embora a construção dessa linha férrea não seja lucrativa a uma taxa de juros mais alta, talvez seja lucrativa a uma taxa de juros mais baixa.

Baixas taxas de juros sinalizam para os empreendedores que as pessoas em geral estão bastante dispostas a deixar de consumir hoje para que os recursos possam ser usados para produzir, não MP3 players, banheiras de hidromassagem e outros bens de consumo de hoje, mas, sim, trilhos de aço, locomotivas, escavadeiras e outros bens de capital.

Mas e se as pessoas *não* quiserem retardar tanto seu consumo? E se as taxas de juros "mentirem" — informando aos empreendedores que as pessoas estão poupando mais dinheiro do que de fato estão? Hayek afirmava que uma mentira dessas desempenha um papel em especial crítico em ciclos econômicos. Quando a oferta monetária é elevada, o novo dinheiro costuma entrar na economia por meio de bancos — e para tomar esse novo dinheiro emprestado, os bancos reduzem as taxas de juros que em geral cobram dos mutuários. Na visão de Hayek, os preços que apresentam maior risco ao serem distorcidos pelas expansões de oferta monetária são as taxas de juros. As taxas de juros reduzidas artificialmente incentivam empreendedores e empresas a tomarem muitos empréstimos — ou seja, emprestar mais do que as pessoas estão de fato poupando. E induzem os

EXPANSÃO E CONTRAÇÃO ECONÔMICAS (BOOM E BUST)

produtores a desenvolverem projetos que consomem mais tempo — que são "mais demorados" — do que aqueles que seriam desenvolvidos com taxas de juros mais altas.

Infelizmente, as taxas de juros não estão baixas porque as pessoas estão poupando mais, mas somente porque a impressão de mais moeda pressionou essas taxas para baixo. Neste caso, planos para construir projetos de longo prazo — como, de novo, uma linha férrea que leva dez anos para ser concluída — acabarão por sofrer sérias consequências. Como as pessoas estão poupando muito pouco para viabilizar a produção de todos os trilhos de aço, barracões de trabalhadores e outros bens de capital, o construtor da linha férrea, em tempo, descobre que não pode concluir seu projeto de forma lucrativa. Por isso, despedirá seus trabalhadores.

Com o passar do tempo e após, enfim, liquidar totalmente os investimentos alocados em projetos comerciais demasiadamente "longos", os trabalhadores despedidos encontram outros empregos. No entanto, esse resultado ocorre apenas no longo prazo. Muitos percalços econômicos surgem durante o curto prazo (que pode ser um longo tempo, se medido num calendário). Mais uma vez, antes de todo esse dinheiro recém-criado afinal ser dividido de forma igualitária ("no longo prazo") pela economia, o padrão de preços relativos acaba sendo distorcido pelo fluxo de moeda injetado na economia. Durante o período que o dinheiro recém-criado leva para ser distribuído dos mercados onde primeiro foi gasto para os muitos outros mercados da economia, os preços relativos distorcidos — inclusive as taxas de juros reduzidas artificialmente — induzem de forma equivocada as pessoas a tomarem decisões econômicas inconsistentes com os verdadeiros padrões de demanda do consumidor e da oferta de recursos.

É lamentável que o processo de liquidação de investimentos não sustentáveis demore tanto. Mas para haver saúde econômica duradoura é necessário que ocorra essa liquidação. Infelizmente, durante o tempo exigido para liquidar os investimentos não sustentáveis, há de fato grande sofrimento econômico. E, com razão, muitos recorrem às autoridades políticas para aliviar essa tribulação. Como veremos no capítulo seguinte, as autoridades quase sempre respondem a esses pedidos com políticas públicas que acabam apenas mascarando e agravando o problema.

A MALDIÇÃO DA INFLAÇÃO

> *Mesmo um nível bastante moderado de inflação é perigoso, porque ela deixa os responsáveis pela política de mãos amarradas, criando uma situação em que, toda vez que surge um problema, um pouco mais de inflação parece ser a única saída.*
>
> **Friedrich Hayek (1960).** *A Constituição da Liberdade.*
> Em Ronald Hamowy (ed.), *The Constitution of Liberty*, XVII
> (Liberty Fund Library, 2011): 465.

INFLAÇÃO É UM DECLÍNIO NO PODER DE COMPRA DO DI- nheiro. A consequência mais visível da inflação é a constante elevação nos preços de todos, ou quase todos, os bens e serviços na economia. Para uma unidade de dinheiro (digamos, um dólar) perder o poder de compra é preciso que a unidade de dinheiro perca valor. E quando uma unidade de dinheiro perde valor, torna-se necessário usar mais unidades daquele dinheiro para comprar bens e serviços. Em outras palavras, elevam-se os preços dos bens e serviços comprados com aquele mesmo dinheiro.

O ESSENCIAL DE HAYEK

Sem dúvida, a causa mais comum da inflação é o aumento na oferta de moeda. Assim como o valor dos diamantes cairia se um evento meteorológico bizarro fizesse chover diamantes genuínos do céu, o valor do dinheiro cai quando a autoridade monetária de uma nação aumenta a impressão de dinheiro daquela nação. Assim como uma tempestade de diamantes faria com que as pessoas interessadas em vender algo em troca de diamantes exigissem mais pedras dos compradores, um aumento na oferta de dinheiro pela autoridade monetária faria com que as pessoas dispostas a vender coisas em troca de dólares exigissem mais dólares dos compradores.

A causa da inflação, por conseguinte, é muito simples: crescimento excessivo baseado em oferta de dinheiro. Impedir a inflação é do mesmo modo simples: parar de injetar dinheiro recém-criado na economia. Mas, embora *a priori* seja fácil conter a inflação (não é preciso dominar nenhuma teoria complexa e nenhum problema matemático precisa ser resolvido), na prática, em geral é bem difícil suspendê-la. A razão para isso é que o controle da oferta de moeda fica nas mãos dos governantes. A política torna difícil a contenção da inflação, sobretudo porque, antes de qualquer coisa, a própria política geralmente é a culpada por dar início à inflação.

Desde a extinção do padrão-ouro no século xx, os governos têm emitido moeda fiduciária (dinheiro "fiat"). Moeda fiduciária é o dinheiro alicerçado em nada além do que fé no governo que o emite. Um governo que emite moeda fiduciária trocará unidades deste dinheiro apenas por outras unidades dele mesmo. O Banco Central Europeu, por exemplo, trocará 20 euros apenas por outros 20 euros. Nem ouro, nem prata, nem nada além dela mesma alicerça a moeda fiduciária.

Um dos resultados da moeda fiduciária é levar o governo à tentação de financiar parte, ou às vezes grande parte, de suas despesas com a criação de dinheiro a partir do nada. Pelo fato de os eleitores frequente e imediatamente resistirem com veemência à elevação dos

88

A MALDIÇÃO DA INFLAÇÃO

tributos para sustentar todos os projetos que os governantes desejam financiar — e porque os eleitores, em geral, não veem os terríveis efeitos do dinheiro recém-criado até ser tarde demais —, governantes, quase sempre, sucumbem à tentação de bancar alguns de seus projetos preferidos com o dinheiro recém-criado.

Como vimos no capítulo anterior, contudo, a criação de dinheiro pelo governo pode gerar graves problemas lá na frente. O processo de injetar moeda na economia pode distorcer o padrão de preços relativos e, em virtude disso, incentivar um número excepcionalmente grande de péssimas decisões econômicas — ou seja, incentivar um número excepcionalmente grande de decisões econômicas que se mostram equivocadas apenas mais tarde. Para ser mais específico, injetar mais dinheiro na economia faz com que muitos recursos sejam investidos naquelas indústrias que primeiro receberam o novo dinheiro. Essas indústrias se expandem acima do normal.

O imbróglio começa quando a verdade é revelada, de que essas indústrias se expandiram acima do normal. Em decorrência dessa revelação, os investidores e empreendedores começam a eliminar o que eles agora veem como capacidade excedente nessas indústrias superexpandidas. No entanto, os esforços feitos para reduzir essas indústrias superexpandidas geram privações de forma inevitável. Em particular, o desemprego aumenta, já que os trabalhadores são dispensados de seus empregos na indústria.

Durante o período em que o desemprego se torna inusitadamente alto — durante o tempo que leva para que esses trabalhadores dispensados encontrem novos empregos —, a pressão política se intensifica para que o governo "tome providências" a respeito desse desemprego. Uma das "providências" mais fáceis de serem tomadas pelo governo é deixar a inflação correr. Ao continuar injetando mais moeda na economia, o governo consegue sustentar um pouco mais os preços nas indústrias que recebem o dinheiro novo primeiro. Em resumo, ao continuar a inflar a oferta de moeda, o governo consegue ludibriar os

O ESSENCIAL DE HAYEK

empreendedores e investidores para que só descubram bem mais tarde que as indústrias que estão entre as primeiras a receber o novo dinheiro, na verdade, estão superexpandidas e sobrecarregadas com capacidade excedente de produção.

Os políticos se beneficiam ao continuar inflando a oferta de moeda, pois ao retardar a descoberta da necessidade de retrair os investimentos em indústrias superexpandidas, eles continuam por mais tempo transmitindo a *imagem* de uma economia mais saudável do que na realidade é. Por conta disso, esses políticos apresentam menos risco de perder seus cargos nas próximas eleições.

Porém, a realidade econômica não pode ser mascarada para sempre pela mera impressão de mais e mais dinheiro. Conforme os primeiros fluxos de dinheiro recém-criado se espalham pela economia e geram alta nos preços de bens e serviços, a inflação torna-se algo já esperado. Portanto, para que os preços nas indústrias superexpandidas continuem a ser lidos por investidores e empreendedores como sinais de que os elevados investimentos nessas indústrias não são de fato excessivos, os preços nessas indústrias devem subir ainda mais rápido do que antes. Os preços nessas indústrias devem subir a um ritmo mais acelerado do que a taxa de inflação prevista.

Para os preços nessas indústrias elevarem-se mais rápido do que a taxa de inflação geral da economia, o banco central deve acelerar o ritmo de injeção de nova moeda na economia. Se o banco central assim o faz, os preços das indústrias que estão no início da fila para receber o dinheiro recém-criado permanecerão mais altos do que "deveriam" em relação aos preços das outras indústrias. Então, os empreendedores e investidores devem continuar por algum tempo a acreditar que são justificados os investimentos elevados nessas indústrias "em primeiro na fila". Esforços para retrair a produção nessas indústrias são adiados. A taxa de desemprego, que teria aumentado de imediato, se não fosse pelo aumento na taxa de expansão monetária, continua baixa. Tudo parece bem — por agora.

A MALDIÇÃO DA INFLAÇÃO

No entanto, com o passar do tempo, a aceleração na taxa do influxo monetário inevitavelmente resulta numa aceleração da taxa de inflação da economia como um todo. Os preços da economia em geral, agora, crescem a um ritmo suficiente para alcançar os preços elevados das indústrias que estão entre as primeiras a receber o dinheiro recém-criado. Como consequência, os preços dessas indústrias "em primeiro da fila" param de enviar informações equivocadas. Esses preços começam a revelar o fato de que os investimentos nessas indústrias estão realmente excessivos — que a capacidade produtiva nessas indústrias está muito inchada. Assim, a única maneira que a autoridade monetária tem para evitar o recuo dos investidores nessas indústrias e na consequente dispensa dos trabalhadores é avançando ainda mais na taxa de expansão monetária.

A autoridade monetária logo se vê numa situação difícil. Se ela parar de inflar a oferta de moeda (na verdade, mesmo que ela simplesmente deixe de acelerar a taxa de crescimento na oferta de moeda), as indústrias superexpandidas devido às injeções prematuras de dinheiro irão contrair. O aumento no desemprego daí resultante cria pressões políticas para que o governo "faça alguma coisa" para aumentar a oferta de empregos — algo *que não seja* aconselhar o público a aguardar com tranquilidade enquanto as indústrias se reestruturam para serem mais sustentáveis economicamente. Acelerar a taxa de inflação é uma manobra que o governo pode realizar para manter os empregos em alta *no presente*.

Mas elevadas taxas de expansão monetária levam a elevadas taxas de inflação, o que gera uma série de outros males econômicos. Entre esses males inclui-se a elevação nas taxas de juros. (Banqueiros e outros credores cobrarão taxas de juros mais altas, pois esperam recuperar este dinheiro no ano seguinte com menor poder de compra do que o emprestado hoje.) Outro problema também é o aumento da ansiedade entre os trabalhadores, já que imaginam que seus salários não acompanharão o ritmo da inflação — portanto, os trabalhadores exigem maiores salários hoje, prevendo uma possível alta na inflação. (O perigo aqui é que, se a taxa de inflação for menor que a esperada, os salários dos trabalhadores terão aumentado demais, fazendo com que alguns operários percam seus empregos ou que alguns empregadores sofram perdas inesperadas.)

De maneira mais abrangente, pelo fato de a expansão monetária não aumentar todos os preços em sincronia uns com os outros, quanto maior a taxa de inflação, mais distorcido ficará o padrão de preços relativos através da economia. Quanto mais os preços individuais ficarem fora de controle uns em relação aos outros, menos confiáveis serão para guiar empreendedores, investidores e consumidores a tomarem decisões econômicas acertadas. Maiores taxas de inflação, por conseguinte, resultam em maiores erros de utilização (maiores "erros de destinação") dos recursos. O desempenho da economia fica cada vez pior.

Para solucionar esse problema, a autoridade monetária precisa apenas parar de injetar moeda na economia. Mas a solução não é instantânea. Não só leva algum tempo para que as pessoas parem de esperar inflação futura, como também leva tempo para que trabalhadores e recursos sejam transferidos de indústrias superexpandidas em virtude da inflação para indústrias em que esses trabalhadores e recursos sejam empregados de forma mais sustentável. Persistindo a inflação no presente, a autoridade monetária pode vir a conseguir postergar um pouco mais a necessidade de retração das indústrias superexpandidas, mas essa atitude também agrava a inflação através da economia.

Politicamente, a autoridade monetária pode ser imaginada como tendo agarrado (como Hayek descreve) um "tigre pelo rabo". Embora todos concordem que não se deve agarrar um tigre pelo rabo, uma vez que alguém o faça, tal pessoa encontra-se sob o risco de ser mordido e arranhado quando o soltar. Mas ao continuar segurando o rabo do tigre, ele pode adiar o risco de ter que enfrentar as mordidas e arranhões. Porém, ao continuar agarrado, só deixa o tigre cada vez mais irritado, assim, quando ele finalmente se libertar — pois é o que eventualmente vai acontecer —, a fera estará muito mais propensa a atacar, e com muito mais fúria, aquele que se atracou ao seu rabo.

*Socorro! Eu vou ser morto se me soltar...
e vou ser morto se continuar segurando!*

É compreensível que à medida que o tempo passe, a pessoa agarrada ao rabo do tigre fique tentada a permanecer assim, só mais um pouco, para postergar o risco de ser mutilado pelo imenso e furioso felino. Contudo, a cada segundo transcorrido, o perigo, que inevitavelmente recairá sobre a pessoa quando ela acabar se soltando, só tende a aumentar. E para piorar, o tigre vai ficar tão irritado, que em algum momento conseguirá se libertar por conta própria. O perigo para a pessoa que se agarrou ao rabo do tigre por tanto tempo será enorme.

A dificuldade para conter a inflação é muito semelhante à dificuldade de soltar-se do rabo de um tigre. A mecânica para realizar ambas as tarefas é incrivelmente fácil: apenas parar de imprimir moeda (para interromper o fluxo inflacionário) ou relaxar os músculos das mãos (no caso de estar agarrado ao rabo de um tigre). Entretanto, sob a égide das consequências antecipadas de se conter a inflação ou de soltar o rabo do tigre, a tarefa em ambas as situações é bastante desafiadora. Em ambos os casos, cumprir tal tarefa exige não apenas a sabedoria para perceber que continuar insistindo na mesma ação só fará piorar as coisas, mas exige também a coragem de encarar o perigo o mais rápido possível, em vez de protelar o confronto.

Infelizmente — e aqui a analogia de agarrar-se ao rabo do tigre não se aplica mais —, ao insistir no crescimento da oferta de moeda, muitas pessoas com poder político podem escapar *sozinhas* de quaisquer perigos políticos subsequentes. Os efeitos ruins da inflação alta hoje só irão se concretizar algum tempo no futuro, quando muitos políticos de hoje já terão deixado seus cargos. Portanto, os governantes de hoje podem, ao manter o crescimento da oferta monetária, fazer a economia parecer mais saudável do que de fato está, enquanto que os custos de criar essa ilusão serão sentidos apenas no futuro por diferentes políticos.

Esse viés político em favor da inflação é a principal razão para justificar acordos que regulam estritamente mudanças na oferta de dinheiro. Retornar ao padrão-ouro é uma opção. Por sua vez, o economista Milton Friedman (1912-2006) propôs de maneira célebre uma "norma monetária", que proibiria os bancos centrais de expandirem a oferta de moeda além de uma pequena margem (por exemplo, não mais do que três por cento ao ano). Hayek mostrou-se favorável à desnacionalização do dinheiro — ou seja, excluir por completo a responsabilidade do governo por emitir e controlar a oferta de moeda. Em vez disso, as forças competitivas do mercado ficariam incumbidas da oferta de dinheiro saudável. (O próprio Friedman, pouco antes de morrer, ficou extremamente cético com relação aos bancos centrais, chegando a defender que se privassem *todos* os poderes e responsabilidades do governo para regular a oferta de dinheiro.)

Independentemente do método utilizado para eliminar o poder político de decisão sobre a oferta de moeda, extinguir sua discricionariedade deveria estar entre as maiores prioridades para aqueles que buscam uma economia voltada ao crescimento sólido, sustentável e disseminado.

Assim como é aconselhado para alcoólatras em recuperação que evitem por completo o uso do álcool — e assim como é aconselhado aos aventureiros de plantão que jamais se agarrem ao rabo de um tigre —, um povo é sabiamente aconselhado a jamais permitir que seu governo exerça discricionariedade sobre a oferta de moeda. Seguir essa regra é a única maneira de evitar a inflação e os muitos males que ela inflige sobre a economia.

O DESAFIO DE SER BEM-SUCEDIDO NA SOCIEDADE MODERNA

> *Parte de nossa dificuldade atual é que precisamos ajustar constantemente nossas vidas, pensamentos e emoções para viver ao mesmo tempo dentro de diferentes tipos de organizações conforme diferentes normas. Se fôssemos aplicar as normas imutáveis e irreprimidas do microcosmo (por exemplo, de um pequeno grupo ou, digamos, de nossas famílias) ao macrocosmo (nossa civilização como um todo), como nossos instintos e anseios sentimentais com frequência nos impulsionam a fazer, nós o destruiríamos. Entretanto, se sempre aplicássemos as normas extensíveis a todos os nossos agrupamentos mais íntimos, nós acabaríamos com eles. Portanto, precisamos aprender a viver em dois mundos ao mesmo tempo.*
>
> Friedrich Hayek (1988). *A Arrogância Fatal.*
> Em W.W. Bartley III (ed.), *The Fatal Conceit*, I
> (Liberty Fund Library, 1988): 18.

COMO BASTANTE ENFATIZADO NO DECORRER DESTE LIVRO, a prosperidade moderna é produzida por meio de uma rede incrivelmente complexa de cooperação humana. Esta rede de cooperação é vasta. Ela abrange todo o globo. Quase todos os indivíduos do mundo moderno fazem parte disso, tanto como consumidores, quanto como produtores. Portanto, quase toda a cooperação produtiva ocorre entre estranhos.

Esse fato é muito relevante para as regras que direcionam nossas atividades cotidianas.

Todos os dias, cada um de nós participa de dois diferentes tipos de estruturas sociais produtivas e valiosas. O primeiro tipo de estrutura envolve as interações com pessoas que conhecemos e com as quais nos importamos — nossos pais, irmãos, cônjuges, filhos, amigos, vizinhos próximos. Chamemos essas estruturas de "estruturas de pequenos grupos".

O outro tipo de estrutura decorre das relações com multidões de estranhos — os milhões de pessoas pertencentes à grande rede global de cooperação econômica. Uma pequena porção desses estranhos você encontra cara a cara, como o caixa do supermercado e os comissários de bordo de sua viagem de avião mais recente. Mas a maior parte desses estranhos — como a pessoa que costurou a camisa que você está vestindo agora ou a pessoa que criou o desenho do calçado que está em seus pés — são pessoas que você nunca irá encontrar. Todos esses estranhos são pessoas das quais você não sabe nada. Chamemos as estruturas com essas multidões de estranhos de "estruturas de grandes grupos".

Um dos maiores desafios para aqueles que vivem na sociedade moderna é ser capaz de lidar à vontade dentro dos *dois* tipos de estruturas. O desafio encontra-se no fato de que os comportamentos que são apropriados em uma dessas estruturas, com frequência, são inapropriados na outra e vice-versa.

Considere a mais básica das estruturas de pequenos grupos: os familiares mais próximos. Como na maior parte da sociedade, decisões econômicas devem ser tomadas dentro das famílias. O que teremos para jantar hoje? Quem irá cozinhar e quem lavará os pratos?

(Tais decisões visam a destinar os recursos laborais da família.) Onde passaremos as férias neste verão? Devemos gastar nosso dinheiro para reformar a cozinha ou guardá-lo para pagar a faculdade das crianças?

Dentro das famílias, mesmo as decisões "econômicas" não são feitas de maneira comercial entre os familiares. Talvez as decisões familiares sejam tomadas por meio de acordos mútuos; talvez mamãe e papai tomem todas as decisões. Porém, independentemente dos detalhes das regras ou hábitos utilizados para se chegar a um consenso dentro de cada família, é normal que elas *não* tomem decisões usando contratos formais, preços de mercado, licitações ou quaisquer outros procedimentos impessoais que caracterizem a maioria de nossas relações econômicas com estranhos.

O mesmo acontece em tomadas de decisões dentro de outros ambientes de pequenos grupos, como quando amigos decidem qual filme irão assistir juntos. Em geral, chega-se a uma decisão por meio de uma discussão informal que leva a um consenso, em vez de uma negociação, na qual o lance mais alto adquire o poder de escolha.

Além disso, dentro das famílias e de muitos pequenos grupos, é comum aplicarmos normas igualitárias de distribuição. A porção do orçamento familiar que pertence à mãe, a porção que pertence ao pai e a porção que pertence a cada um dos filhos não são determinadas por forças mercadológicas impessoais. Em vez disso, são determinadas por uma regra estrita de compartilhamento. Dentro das famílias, a renda é distribuída não só de forma consciente (pelos chefes da família, como é habitual) como relativamente igualitária. Essa regra de compartilhamento dentro das famílias e da maioria dos pequenos grupos, é claro, é digna de elogios.

A utilização de procedimentos e regras informais, e não comerciais, na tomada de decisões em ambientes de pequenos grupos é algo bom. Primeiro, porque a formalidade e a competitividade nos procedimentos comerciais são desnecessárias em pequenos grupos.

O ESSENCIAL DE HAYEK

Familiares e amigos importam-se de verdade uns com os outros e eles se conhecem com a pessoalidade e a intimidade que simplesmente não existem entre estranhos. Dessa forma, as pessoas nos pequenos grupos podem confiar no amor e na preocupação mútuos para evitar fraudes e têm como vantagem que os integrantes desses ambientes também se conhecem muito bem. Esse conhecimento mútuo, detalhado e aprofundado, permite que cada pessoa confie nos atos da outra. Pais, por exemplo, geralmente não precisam ser forçados pela polícia a tratar bem seus filhos. Além do mais, já que os pais conhecem os desejos e habilidades de seus filhos de modo profundo, eles não precisam obter essas informações por intermédio de concorrência e preços de mercado.

As ligações pessoais íntimas, as constantes comunicações cara a cara e o afeto mútuo que une os membros das famílias e de outros pequenos grupos, proporcionam a cada membro desses pequenos grupos um conhecimento bastante vasto sobre os outros integrantes, fazendo com que não sejam exigidos meios impessoais de negociação.

Segundo, e mais importante, a utilização em pequenos grupos das formalidades e da concorrência dos procedimentos comerciais destruiria tudo que há de mais valioso nesses ambientes. As principais características de nossa natureza humana é nosso anseio por estar perto e nossa habilidade de interagir com pessoas amadas e amigos íntimos — interagir com base em sentimentos pessoais e expressões de emoção, carinho e amor. Cada um de nós quer ter pessoas para cuidar e com as quais se importar, e cada um de nós quer ser amado e cuidado pessoalmente por outros indivíduos de carne e osso. Se os pais fizessem a experiência de, digamos, cobrar de seus filhos por refeições feitas em casa, pelo tempo que passam cuidando deles durante alguma doença ou por quaisquer outros benefícios e cuidados que pais estendem a eles, essas coisas extinguiriam das interações familiares tudo aquilo que as torna compensadoras e gratificantes. Crianças que

100

crescessem em tais "famílias", provavelmente, e na melhor das hipóteses, seriam transformadas em sociopatas na idade adulta.

Com exceção do hábito de dar mesadas para os filhos mais novos, como forma de ajudá-los a começar a entender como gerir o próprio dinheiro, o vínculo monetário tem pouco, ou nenhum, lugar no seio de uma unidade familiar saudável. Um lar gerido como um negócio seria avassalador, em vez de acolhedor, para os laços familiares e sentimentos, que são profundamente importantes para nós, seres humanos. Num mundo administrado *apenas* por contratos formais, concorrência de mercado, cotações da moeda e regras do tipo "não deverás", que seguimos quando lidamos com estranhos, não existiriam relações íntimas, famílias amorosas e amizades duradouras. Um mundo assim seria pior do que frio; seria inumano.

Todos compreendem o valor das relações pessoais governadas por amor e sentimento. Esses relacionamentos não só fazem parte da vida cotidiana, como, também, nós, enquanto espécies, evoluímos por valorizar tais relações *e saber como agir dentro delas*. Volto a dizer, os pais naturalmente se importam com seus filhos; ninguém os instrui a fazer ou como fazer isso. De igual modo, pelo fato de nós, seres humanos, termos passado a maior parte de nossa história evolutiva vivendo em pequenos grupos de indivíduos que se conheciam pessoalmente — e interagindo quase nunca com estranhos —, na prática todas as nossas ligações *pessoais* bem-sucedidas continuam a ocorrer com os indivíduos de nossos pequenos grupos.

Os sentimentos e emoções que agregaram membros de pequenos grupos e melhor possibilitaram que eles sobrevivessem e se reproduzissem codificaram-se em nossos genes. Esses sentimentos e emoções, por conseguinte, são parte intrínseca de quem somos. São parte do que significa sermos humanos. E embora a sociedade humana moderna tenha crescido em tamanho, muito mais do que os pequenos grupos em que a maioria de nossos ancestrais viviam, esses sentimentos e

O ESSENCIAL DE HAYEK

emoções de pequenos grupos mantêm-se como importantes "guias" em nossas relações com amigos e pessoas queridas.

No entanto, por mais valiosos e aprazíveis que sejam esses sentimentos e emoções de pequenos grupos, eles não são muito adequados para nos guiar em nossas ligações com a sociedade em geral. De forma alguma conseguiríamos conhecer pessoas estranhas o suficiente a ponto de interagirmos em suas vidas tão intimamente quanto interagimos nas vidas das pessoas com quem convivemos. Além disso, jamais poderíamos nos importar de forma tão profunda com o bem-estar de estranhos quanto nos importamos com o bem-estar de nossa família e amigos.

Entretanto, para prosperar na sociedade moderna exigem-se interações praticamente constantes com inúmeros estranhos. Para sermos produtivos com todos os envolvidos, essas interações devem ser baseadas em comum acordo e norteadas por uma ética de promessas cumpridas. Mas essas interações não precisam ser baseadas em sentimentos de amor, carinho e preocupação. Este é um fato favorável porque, como acabamos de ressaltar, ninguém é capaz de conhecer e se importar com muito mais do que um número restrito de indivíduos com os quais ele ou ela interage todos os dias.

Em decorrência de sermos guiados em nossas interações com milhões de estranhos por regras impessoais e forças de mercado, nossa capacidade de amar e nos preocuparmos com os outros não fica sobrecarregada. Também não seremos instados a saber os detalhes das vidas desses estranhos. Quando você quer comprar, por exemplo, um carro do ano, precisa obter apenas algumas informações sobre a qualidade do veículo e seu preço em comparação com outros carros. A única informação pessoal que você precisa saber ao decidir se vai ou não comprar o carro é a informação sobre *si mesmo*. Quais são os *seus* gostos e preferências automobilísticas? Até quanto *você* pode pagar? Qual a melhor forma de pagamento para *você*? Você não precisa saber — e nem teria como saber — qualquer

O DESAFIO DE SER BEM-SUCEDIDO NA SOCIEDADE MODERNA

informação pessoal sobre os milhões de indivíduos cujos esforços contribuíram para a produção do carro.

As regras para interagir com estranhos coincidem, mas são muito menos "exigentes" com as regras para interagir com pessoas que conhecemos pessoalmente. Trate os estranhos com respeito e não se atreva a julgar sobre o que é melhor para eles; não roube dos estranhos; não os trapaceie; não haja com violência contra eles; cumpra suas promessas; respeite seus direitos de propriedade. Para seguir essas regras, não é preciso conhecer de modo íntimo o estranho. Quando as pessoas seguem essas regras impessoais ao lidar com estranhos na economia, ocorrem trocas e contratos formais. Essas trocas e contratos dão origem aos preços de mercado. Esses preços, por sua vez, norteiam-nos a interagir de maneira produtiva — como consumidores e produtores — com um número cada vez maior de estranhos, que tornam possíveis nossas vidas modernas.

Assim, o sucesso e a sustentabilidade da sociedade moderna exige que cada um de nós seja guiado por nossas normas de pequenos grupos ao interagir com pessoas que conhecemos pessoalmente, mas também é preciso saber colocar essas normas de lado ao interagir com estranhos.

Alternar entre esses dois conjuntos de normas bastante distintos é difícil, sobretudo porque somos geneticamente programados para seguir normas de pequenos grupos. Quando vemos na televisão ou em vídeos da internet os rostos de estranhos que estão sofrendo com desemprego ou outros infortúnios econômicos, nossas normas de pequenos grupos desencadeiam dentro de nós simpatia por esses estranhos (principalmente se eles compartilham de nossa nacionalidade política). Portanto, quando governantes prometem "tomar providências" para aliviar aquele sofrimento, tendemos a apoiar tais esforços, mesmo suspeitando que esses esforços serão jogados em nossas costas.

— Pode me dar $5 para comprar cachorro-quente e sorvete? — É claro!

Uma análise lógica pode nos convencer de que os esforços propostos pelo governo não funcionarão, porque são muito dispendiosos ou são até injustificados. Mas à medida que pensamos na nação como uma extensão de nossa família, os esforços planejados pelo governo são incutidos em nossas normas de pequenos grupos. Tais normas, logo que ativadas, são difíceis de serem sobrepujadas com frequência por aqueles que desejam fazer uma avaliação imparcial ("racional") das políticas governamentais. Bem ou mal, mesmo a melhor das avaliações racionais é muitas vezes inadequada para vencer o impulso emocional de tendermos conscientemente àqueles entre nós que vemos como menos favorecidos.

O poder dessas normas de pequenos grupos é em especial intenso quando o governo se apresenta — e é retratado pela mídia, por

— Pode me dar $5 para comprar cachorro-quente e sorvete?

— Desculpe, eu conheço você?

acadêmicos e pela cultura popular — como sendo o líder sábio e humanitário de nossa "família" nacional. Da mesma maneira que nos sacrificaríamos por nossos filhos ou irmãos contra dificuldades econômicas, "nós", como membros da família nacional, aplaudimos esforços feitos por líderes de nossa família nacional para resgatar compatriotas que se encontram em momentos difíceis.

Mas políticas públicas nascidas de normas de pequenos grupos podem ser contraproducentes. Se, por exemplo, o governo eleva as tarifas para proteger os empregos de produtores domésticos de trigo, quem sofre são os trabalhadores em outras indústrias. O motivo é que ao elevar as tarifas sobre o trigo — reduzindo a quantia de dólares que estrangeiros lucram ao vender trigo para nós —, ocorre uma diminuição no ganho de dólares por parte de estrangeiros para usar na compra de outros bens de nós mesmos (ou investir em nossa economia). Mas como os efeitos negativos da tarifa se espalham por um número bastante grande e diverso de pessoas, eles tendem a ser percebidos com maior dificuldade do que os benefícios da tarifa, que ficam concentrados em um grupo de pessoas relativamente menor, uniforme e identificado com mais facilidade. Por serem mais difíceis de ver, os efeitos negativos das tarifas não desencadeiam nossos sentimentos de pequenos grupos. Esses sentimentos, em resumo, influenciam-nos a apoiar políticas cujos beneficiários são facilmente vistos e cujas vítimas permanecem camufladas pelas complexidades da realidade.

Do mesmo modo, normas de igualdade dos pequenos grupos, que funcionam bem para determinar a distribuição de bens e recursos dentro das famílias e entre amigos, são inapropriadas para julgar a distribuição de bens e recursos na sociedade. As forças que determinam os tamanhos relativos dos conjuntos de bens materiais das pessoas em economias de mercado são muito mais complexas do que as forças determinantes dos conjuntos de recursos das pessoas dentro de pequenos grupos.

Dentro de pequenos grupos, o esforço, a vontade e a simples sorte (boa ou má) de cada pessoa pode ser precisamente observada e levada em consideração. Basta ver, por exemplo, se a baixa remuneração de seu irmão é resultante de sua má sorte ou de suas escolhas. (A baixa remuneração dele, por acaso, pode ser resultante de suas *péssimas* escolhas — digamos, se ele bebe demais — ou de escolhas que, invariavelmente, lhe rendam uma baixa remuneração — ou seja, ele venha a escolher ganhar a vida como mímico de rua, porque se identifica com essa linha de trabalho.) Então, você e outras pessoas que conhecem seu irmão podem decidir como tratá-lo, baseado no conhecimento íntimo de suas circunstâncias particulares.

Na sociedade, de modo contrário, essa observação e conhecimento são impossíveis. Ninguém tem como conhecer as circunstâncias particulares de cada pessoa. Nem podemos observar as contribuições de cada pessoa para a economia como um todo. A melhor maneira que existe de se avaliar a dimensão da contribuição de uma pessoa para a economia é calculando seus ganhos financeiros acumulados após atuar pacificamente no mercado, como consumidores, fornecedores ou concorrentes.

As normas que usamos em pequenos grupos são inadequadas para avaliar os méritos do volume dos ganhos financeiros de estranhos. A desigualdade que nos *parece* haver na alta ou baixa remuneração deste ou daquele estranho, na verdade, possui camadas de causas complexas que não podem ser observadas e avaliadas com a mesma precisão que podemos obter quando observamos e avaliamos a igualdade de quantos recursos são reivindicados por este ou aquele membro de um pequeno grupo.

Outra importante diferença entre pequenos e grandes grupos se apresenta aqui. No caso de pequenos grupos, podemos saber, com convicção, quais serão muitos dos efeitos em nosso pequeno grupo, se redistribuirmos os recursos de uma pessoa para outra — digamos, se os pais derem uma mesada maior para Jane e uma mesada menor para Joe. Por outro lado, em grandes grupos, não podemos identificar todos os efeitos da redistribuição. Em virtude de não podermos compreender todas as incontáveis e invisíveis interações e reações cíclicas que relacionam as escolhas de milhões de indivíduos ao redor do planeta com consequências específicas — no caso, de rendimentos anuais de alguns indivíduos serem relativamente inferiores enquanto os rendimentos de outros serem relativamente altos —, não podemos conhecer todos os efeitos das políticas de redistribuição. Tentativas de redistribuir renda em ambientes tão complexos correm o risco de desencadear muitas reações cíclicas negativas e arranjos produtivos frustrantes, empobrecendo ainda mais as pessoas de baixa renda.

Maiores impostos sobre a renda dos ricos, por exemplo, podem diminuir os investimentos privados a tal ponto que, com o passar do tempo, a perda resultante em oportunidades econômicas para os cidadãos mais pobres suplanta quaisquer rendas adicionais que eles venham a receber por meio de políticas governamentais de redistribuição. De igual modo, a redistribuição pode causar entraves nos incentivos para que os mais pobres de hoje continuem nas escolas ou encontrem e mantenham seus empregos, acabando por piorar o bem-estar econômico dessas pessoas pelas mesmas políticas de redistribuição criadas originalmente para ajudá-los.

A questão aqui não se trata de afirmar que esses efeitos negativos em particular irão ocorrer. Pelo contrário, a questão é que *alguns* efeitos negativos imprevistos ocorrerão, se tentarmos fazer com que as consequências dos grandes grupos satisfaçam o senso de justiça e igualdade adequados a pequenos grupos. O motivo para isso é que nosso conhecimento de detalhes relevantes dos grandes grupos — nosso conhecimento dos detalhes daquilo que Hayek chamou de "ordem ampliada" — é exíguo se comparado com nosso conhecimento de detalhes relevantes de nossos pequenos grupos. Se tentarmos fazer com que as consequências dos grandes grupos satisfaçam as noções de igualdade e justiça, que são apropriadas para pequenos grupos, vamos enfraquecer e distorcer as forças impessoais de concorrência e de lucro e perda necessárias a uma economia para destinar recursos a usos de máxima importância a milhares ou milhões de pessoas. Também enfraqueceremos a obrigação que as pessoas sentem para mudar de empregos e empreendimentos, se os consumidores não mais valorizarem os produtos desses empregos e empreendimentos.

Alternar entre normas de pequenos e grandes grupos não é fácil. É compreensível que muitas pessoas sintam um forte desejo de aplicar normas de pequenos grupos a grandes grupos. Felizmente, no entanto, nos últimos dois ou três séculos, muitas pessoas, de muitos lugares do mundo, evitaram aplicar suas normas de pequenos grupos à sociedade e à economia como um todo — ou, ao menos, evitaram o bastante para impedir que o capitalismo global, industrial e burguês criasse raízes e se disseminasse. Portanto, isso *pode* ser feito. As pessoas *podem* alternar de forma adequada entre normas de pequenos e grandes grupos. Contudo, a mídia e seus comentaristas políticos exacerbam todos os dias as dificuldades para tal alternância.

No próximo, e último, capítulo deste livro, exploraremos a função das ideias e de seu inevitável papel preponderante no estabelecimento de políticas públicas. Se nossas ideias forem "boas", elas suplantarão qualquer sentimento que possa ser destrutivo para "a ordem ampliada". Mas se nossas ideias forem "ruins", o resultado será o de políticas que comprometerão e destruirão a ordem ampliada e, junto com ela, nossa civilização.

IDEIAS E SUAS CONSEQUÊNCIAS

> *A opinião pública, que rege uma decisão sobre questões políticas, sempre resulta de uma evolução lenta, que se estende por longos períodos e age em diversos níveis. Novas ideias começam em conversas entre poucas pessoas e se disseminam gradualmente, até serem apropriadas por uma maioria que mal sabe de suas origens.*
>
> Friedrich Hayek (1960). *A Constituição da Liberdade.*
> Em Ronald Hamowy (ed.), *The Constitution of Liberty*, XVII
> (Liberty Fund Library, 2011): 177.

KARL MARX INSISTIA QUE AS IDEIAS QUE EU, VOCÊ E OUTRAS pessoas detemos são formadas e alimentadas pelas nossas função e posição social na economia. As ideias em si não desempenham um papel independente na formação dos contornos ou no controle do destino de economias e sociedades.

O grande economista do século xx George Stigler (1911-1991) também acreditava que ideias não têm consequências. Conforme a visão de Stigler, cada indivíduo sempre busca maximizar o próprio bem-estar material. Por isso, os políticos apenas servem aos indivíduos e grupos que melhor promovem o bem-estar dos governantes. De acordo com Stigler, legislação e políticas públicas nunca resultam de ideias ou ideais. Pelo contrário, legislação e políticas públicas apenas resultam de ações combinadas de interesses materiais estritos — em especial, os interesses de grupos que têm êxito em se organizar em *lobbies* políticos efetivos.

Marx, é claro, era um homem da esquerda política. Stigler era um homem da direita política. Contudo, de acordo tanto com Marx quanto com Stigler, ideias são prescritas; ideias não prescrevem. Marx e Stigler eram defensores da ideia de que nada tão intangível, tão subjetivo, tão inobservável e tão incalculável, como meras ideias, poderia desempenhar um papel significativo no direcionamento de uma sociedade.

Marx e Stigler não estão sozinhos. Muitos são os estudiosos — sobretudo da economia — que rejeitam qualquer insinuação de que ideias independentes afetam as políticas públicas. Na visão desses estudiosos, as únicas forças que determinam a performance das economias e dos detalhes das políticas públicas são os cálculos de lucro e perda materiais das pessoas.

Há um importante fundo de verdade oculto por trás da ideia de que ideias são insignificantes na formação das políticas públicas. A sociedade não pode ser formada com base em qualquer ideia que possamos vir a sonhar, contudo, muitas pessoas através da história rejeitaram essa realidade em favor de seus próprios sonhos utópicos. Na história não faltam exemplos para livrar as sociedades de interesses pessoais e preocupações materiais, deixando coisas como amor, fraternidade universal ou a dita benevolência de líderes poderosos gerindo nossas vidas. Todos esses planos e regimes falharam. Portanto, para não sermos mais ludibriados por falsas promessas de projetos utópicos e românticos, jamais devemos perder de vista a inevitabilidade da escassez de recursos e da realidade da natureza

IDEIAS E SUAS CONSEQUÊNCIAS

humana — inclusive a impossibilidade de cada um de nós conhecermos e nos importarmos sobremaneira com milhões de estranhos que fazem parte de nossa sociedade.

Essa aceitação sensata da realidade, no entanto, não implica rejeitarmos a compreensão de que ideias possuem reais consequências. Seres humanos são animais sociais com uma capacidade excepcionalmente sofisticada para a comunicação. Escolhemos viver em grupos e estamos sempre falando e escrevendo. E o que são a fala e a escrita senão um compartilhamento de ideias? Todo esse grupismo e incessante compartilhamento de ideias significam que somos influenciados não só pelo que as pessoas fazem e pelos detalhes de nosso meio físico, mas também pelo que as pessoas pensam — ou seja, pelas *ideias*.

Não existe evidência mais patente do poder das ideias do que o fato de que governos totalitários, sem exceção, vão até as últimas consequências para controlar as ideias com que as pessoas se deparam. Se ideias não tivessem consequências, ditadores e tiranos não despenderiam energia e fortunas para impedir que pessoas publicassem e dissessem o que quisessem. Da mesma forma, os governos não gastariam nem um centavo para fazer propaganda. Liberdade de expressão seria algo universal, se as ideias não tivessem o poder de determinar o que os governos devem ou não fazer.

Governos democráticos, com poderes constitucionalmente limitados, também agem como se ideias tivessem consequências. Toda e qualquer legislação, sem exceção, é alardeada como fomentadora do interesse público. Mesmo estatutos e regulações claramente voltados ao auxílio de grupos com interesses específicos são embrulhados e apresentados ao público como medidas vitais para melhorar as condições de vida da sociedade em geral.

Considere, por exemplo, subsídios rurais impulsionados pelo poder político desproporcional de *lobbies* da agroindústria. Nenhum político jamais diz: "Eu votei por esses subsídios porque os agricultores são politicamente poderosos e os consumidores e contribuintes, que pagaram a conta, não o são". Se George Stigler estivesse correto ao afirmar que políticas governamentais são impulsionadas *apenas* por grupos com interesses específicos — e, por conseguinte, que as ideias que as pessoas têm sobre "justiça" e "injustiça" são irrelevantes —, então governos não se importariam em expor os subsídios rurais e a criação de outros privilégios de grupos específicos como sendo de interesse público. As próprias desonestidade e falsidade, tão comuns nos pronunciamentos de todos os governos, hoje e no passado, testemunham o poder das ideias.

Não pode haver dúvidas de que as ideias geram consequências.

Ideias sobre o papel adequado do governo determinam o que o governo vai procurar fazer e onde ele deverá abster-se. E ideias sobre o papel adequado do governo são, por sua vez, moldadas pelas ideias sobre como livres mercados funcionam e sobre a justiça ou injustiça de processos e consequências do mercado. Por exemplo, nenhuma sociedade cumprirá uma política de livre comércio, se a ideia dominante naquela sociedade for a de que negociar com estrangeiros é algo ruim ou economicamente prejudicial. Em contrapartida, nenhuma sociedade irá tolerar altas tarifas e outras medidas protecionistas, se a ideia dominante naquela sociedade for a de que restrições comerciais são eticamente inaceitáveis e que o livre comércio internacional é sempre economicamente benéfico.

Realizar ideias "certas" — e disseminar as ideias certas ao máximo — é, por conseguinte, da maior importância. Ideias equivocadas bastante difundidas sobre governo e mercados, de forma inevitável, produzirão políticas economicamente nocivas, enquanto que ideias corretas a respeito de governo e mercados estimularão políticas economicamente benéficas.

Mas como as ideias são produzidas, disseminadas e cultivadas? Como as ideias dominantes de hoje são alteradas ou substituídas por outras ideias? Famílias, igrejas, clubes, mídias populares e

IDEIAS E SUAS CONSEQUÊNCIAS

(é claro) escolas, cada um desempenha seu papel. Assim também o fazem os intelectuais públicos — ou seja, colunistas de jornais e revistas, blogueiros, apresentadores de rádio e televisão e escritores. Intelectuais públicos não falam apenas, nem mesmo em especial, para outros intelectuais; eles falam acima de tudo para o público em geral. Por serem especialistas habilidosos em comunicar ideias importantes para o grande público, os intelectuais públicos têm um papel central no processo de insuflar ideias acadêmicas no público em geral, tornando a forma e a linguagem mais acessíveis. Os intelectuais públicos, como tais, não fazem pesquisas originais ou criam novas ideias. Em vez disso, relatam descobertas e transmitem ideias acadêmicas para aqueles que estão fora de universidades e grupos de pensadores.

Sendo assim, ideias difundidas sobre a operação dos mercados e sobre as promessas ou perigos da intervenção estatal têm dois principais "produtores": os estudiosos, pesquisadores e acadêmicos, que geram essas ideias, e os intelectuais públicos, que transmitem essas ideias para o grande público. Para que o público em geral na sociedade moderna possua ideias melhoradas sobre mercados e política, tanto acadêmicos quanto intelectuais públicos devem contribuir com esse aperfeiçoamento.

Com exceção talvez da história, nenhuma disciplina intelectual desempenha um papel tão expressivo para influenciar a opinião pública sobre mercados e política quanto a economia. John Maynard Keynes, de maneira perspicaz, observou em 1936 que "as ideias dos economistas e dos filósofos políticos, estejam certas ou erradas, são mais poderosas que o entendimento do senso comum. De fato, o mundo é dominado por muito poucos. Homens pragmáticos, que acreditam serem imunes a qualquer influência intelectual, geralmente são escravos de algum economista defunto".

Pesquisas originais e teorizações *hoje em dia*, é claro, não afetam quase ninguém. As ideias de economistas profissionais devem, primeiro, ser insufladas e disseminadas pelos intelectuais públicos, processo que leva um tempo. Um ótimo exemplo é a defesa acadêmica de Adam Smith para o livre comércio. Quando Smith publicou pela primeira vez esta defesa, em seu livro monumental de 1776, *Uma Investigação sobre a Natureza e as Causas da Riqueza das Nações*, políticas protecionistas estavam bem consolidadas na Grã-Bretanha. Essas políticas estavam tão bem consolidadas que Smith achou ridículo supor que eles jamais as rejeitariam em prol de uma política

— *Hmmm... Nunca pensei nisso dessa maneira! Talvez eu estivesse errado.*

unilateral de livre comércio. Porém, Smith estava enganado. A Inglaterra adotou uma política de livre comércio setenta anos depois de as ideias de Smith terem sido publicadas.

A adoção do livre comércio pela Grã-Bretanha (que começou a ser levado a sério com a revogação no Parlamento das "leis do milho" — tarifas sobre os grãos — em 1846) deve muito à defesa acadêmica do livre comércio feita por Smith. A lógica e a eloquência do argumento de Smith inspiraram outros estudiosos a aprofundarem suas pesquisas no tema do comércio. Essa pesquisa, sobretudo, confirmou e fortaleceu as conclusões de Smith. Igualmente importante foi a inspiração incutida em oradores, panfletistas e outros intelectuais públicos da época para defenderem a causa do livre comércio. Esses intelectuais públicos explicavam para o público os benefícios do livre comércio e os perigos do protecionismo. Em meados do século XIX, a opinião pública na Inglaterra pendeu para o livre comércio, junto com outras ideias relacionadas ao livre mercado. Só no início do século XX que a Inglaterra abandonou o livre comércio — um abandono que foi produto de tendências intelectuais de alguns anos antes e que foi transmitido para grandes audiências pelos intelectuais públicos.

A experiência da Inglaterra com o livre comércio e o protecionismo mostra que, se os estudiosos tiverem as ideias certas, há grandes chances de que essas ideias certas acabem por influenciar políticas públicas voltadas para o melhor. Mas há um outro lado da moeda: se os estudiosos tiverem as ideias erradas, então as políticas públicas acabarão por refletir os erros.

* * *

Nenhum economista do século xx fez tanto para conseguir ter as ideias certas quanto F.A. Hayek. Desde sua pesquisa pioneira em expansão e contração econômicas (*booms* e *busts*), passando por suas explorações quanto ao papel dos preços e da essência da concorrência de mercado, até suas profundas análises do estado de direito e da importância dos princípios, tanto para nortear as ações humanas quanto para restringir até mesmo as políticas governamentais mais bem-intencionadas, Hayek trouxe novo fôlego, há muito necessário, aos argumentos para uma sociedade com indivíduos livres e responsáveis. As ideias de Hayek não só continuam a inspirar pesquisas originais de economistas e outros cientistas sociais, mas também se tornou parte do discurso de muitos intelectuais públicos.

As ideias de Hayek já produziram bons frutos. Margaret Thatcher, quando Primeira Ministra da Grã-Bretanha, destacou Hayek como principal influenciador de suas ideias sobre afastar a Inglaterra do coletivismo. Nos Estados Unidos, o trabalho de Hayek foi uma fonte fundamental de inspiração e orientação para a grande confiança no livre mercado nos últimos 25 anos do século xx.

No entanto, como o próprio Hayek compreendeu, os argumentos para liberdade e livres mercados devem ser renovados de modo contínuo e elaborados de novo, e de novo, e de novo. O projeto nunca está completo, como podemos testemunhar nas tendências políticas mais recentes da Inglaterra e dos Estados Unidos. Ideias opostas — coletivismos de uma ou outra forma — estão sempre sendo geradas, refinadas e disseminadas. O fracasso dos liberais clássicos e outros defensores de uma sociedade baseada em livres mercados e governos estritamente limitados para contrabalancear as ideias coletivistas garantirão a vitória do coletivismo.

As ideias de Hayek, como estão entre as mais profundas jamais desenvolvidas nas ciências sociais, podem alimentar continuamente o argumento intelectual e moral da liberdade por muitas e muitas gerações. Espero do fundo do coração que este pequeno livro desempenhe um papel modesto de apresentar às pessoas as ideias de Hayek e incentivá-las a consolidar tais ideias a fim de ajudar a fortalecer os alicerces de uma civilização livre. Uma civilização com essas bases não só perdurará, mas ensinará o mundo inteiro a viver de acordo com seus princípios.

SUGESTÕES DE LEITURA ADICIONAL

F.A. Hayek escreveu tanta coisa — e tanta coisa foi escrita a respeito dele e de seus conhecimentos — que escolher um pequeno conjunto de trabalhos para recomendar aos leitores interessados em aprender mais sobre Hayek não é uma tarefa fácil. A imensa vastidão de sua literatura, no entanto, significa que há muitas obras excelentes para serem selecionadas.

Esta pequena lista de sugestões de leitura é dividida em três partes:

A primeira contempla os trabalhos do próprio Hayek. Escolher livros para essa seção foi uma tarefa bastante difícil, porque a maioria de seus escritos é voltada para estudiosos especializados (sobretudo profissionais da economia). A segunda parte contém sugestões para pessoas cuja única introdução a Hayek foi este livro.

A terceira parte oferece sugestões mais "avançadas", para leitores que buscam um conhecimento mais profundo dos ensinamentos de Hayek.

Todos os trabalhos listados estão acompanhados de suas datas originais de publicação, embora muitos deles tenham sido republicados e, com frequência, atualizados.

I. TRABALHOS DO PRÓPRIO HAYEK

O caminho da Servidão — Várias edições.

Os Erros Fatais do Socialismo (edição da Faro Editorial)

The Constitution of Liberty. In: Ronald Hamowy (ed.), *The Constitution of Liberty: The Definitive Edition*. University of Chicago Press, 2011.

Hayek on Hayek: An Autobiographical Dialogue. University of Chicago Press, 1944.

The "New" Confusion about Planning. The Morgan Guaranty Survey. Reimpresso em F.A. Hayek, *New Studies in Philosophy, Politics, Economics, and the History of Ideas*. University of Chicago Press, 1978. p.232—246.

Adam Smith: His Lesson in Today's Language. Reimpresso como Capítulo 8 em F.A. Hayek, *The Trend of Economic Thinking*, University of Chicago Press, 1991.

Planning, Science, and Freedom. Reimpresso como Capítulo 10 em F.A. Hayek, *Socialism and War*, University of Chicago Press, 1997.

II. PARA INICIANTES

BUCKLEY Jr., William F. *The Courage of Friedrich Hayek*. Hoover Digest 3 (July, 30th), 2000. Disponível em: <https://www.hoover.org/research/courage-friedrich-hayek>. Acesso em: 14 Mar. 2018.

BUCKLEY Jr., William F.; MACHLUP, Fritz. *Essays on Hayek*. New York University Press, 1976.

BUTLER, Eamonn. *Friedrich Hayek: The Ideas and Influence of the Libertarian Economist*. Harriman House, 2012.

SUGESTÕES DE LEITURA ADICIONAL

BUTLER, Eamonn. *Hayek: His Contribution to the Political and Economic Thought of Our Time*. University Publishers, 1985.

CALDWELL, Bruce. *Hayek's The Road to Serfdom: A Brief Introduction*. University of Chicago Press, 2013.

EBENSTEIN, Alan. *Friedrich Hayek: A Biography*. Palgrave Macmillan, 2001.

HENDERSON, David R. Friedrich August Hayek (1899-1992). In: The Concise Encyclopedia of Economics. On-line. Library of Economics and Liberty, 2008. Disponível em: <http://www.econlib.org/library/Enc/bios/Hayek.html>. Acesso em: 14 Mar. 2018.

MILLER, Eugene F. *Hayek's The Constitution of Liberty: An Account of Its Argument*. Institute of Economic Affairs, 2010.

III. PARA LEITORES MAIS AVANÇADOS

BARRY, Norman P. *The Invisible Hand in Economics and Politics: A Study in Two Conflicting Explanations of Society: End-States and Processes*. Institute of Economic Affairs, 1998.

FESER, Edward. *The Cambridge Companion to Hayek*. Cambridge University Press, 2013.

PEART, Sandra J.; LEVY, David M. F. A. *Hayek and the Modern Economy*. Palgrave Macmillan, 2013.

SCHMIDTZ, David. Friedrich Hayek. On-line. Stanford Encyclopedia of Philosophy, 2012. Disponível em: <http://plato.stanford.edu/entries/friedrich-hayek/>. Acesso em: 14 Mar. 2018.

CONHEÇA TAMBÉM:

"A TAREFA MAIS CURIOSA DA ECONOMIA É DEMONSTRAR AOS HOMENS (E POLÍTICOS) QUÃO POUCO ELES SABEM SOBRE AQUILO QUE IMAGINAM PODER PLANEJAR."

Neste livro, Friedrich A. Hayek apresenta um exame fundamental e crítico das ideias centrais do socialismo. Ele argumenta que o socialismo, desde as suas origens, foi confundido com algo embasado em fundamentos científicos e factuais, e mesmo lógicos, mas que seus repetidos fracassos, nas muitas e diferentes aplicações práticas que o mundo testemunhou, foram o resultado direto desse equívoco conceitual.

Sempre contundente e controverso, marca de seus escritos, este manifesto traz um relato acessível às principais vertentes do pensamento de Hayek e explica a rede de erros em que todas as sedutoras e idealistas propostas socialistas se encerram.

"O traço intelectual mais marcante de F. A. Hayek é incomum na vida acadêmica: o espírito independente, que o levava a nadar contra algumas das correntes mais poderosas de sua época."

JOHN GRAY – Filósofo e Político Inglês

UMA OBRA CLÁSSICA PARA VOCÊ ENTENDER O BRASIL DE HOJE!

Este livro foi escrito num período da história em que algumas das mais proeminentes nações do mundo experimentavam visões de governo próximas às socialistas, que na teoria prometiam igualdade e prosperidade, mas, na prática, resultaram no exato oposto.

Frédéric Bastiat conseguiu antever toda a sorte de equívocos que aquelas visões carregavam e criou este manifesto para desmascarar aqueles que defendem a ideia de dar mais poder ao Estado: os intervencionistas, os planejadores, os protecionistas e os socialistas.

A Lei – Por que a esquerda não funciona? traz uma reflexão prática sobre ideias de filósofos e outros pensadores acerca da política e da vida em sociedade, dentre eles John Locke e Adam Smith, e trata de temas como liberdade, direito à propriedade, espoliação, igualdade, livre iniciativa, impostos, democracia, sufrágio universal, autoritarismo e tantos outros que ainda provocam debates acalorados.

Passados mais de 150 anos desde que foi publicado, este livro teve o melhor destino que um livro teórico pode alcançar: a prática provou que seu autor estava certo, num grau muito superior ao que poderia imaginar.

NESTA EDIÇÃO ESTÃO INCLUÍDOS COMENTÁRIOS E ANÁLISES QUE RELACIONAM O TEMA À LEGISLAÇÃO E À HISTÓRIA POLÍTICA DO BRASIL CONTEMPORÂNEO.

CONHEÇA NOSSA LINHA SOBRE POLÍTICA E PENSAMENTO LIBERAL

**ASSINE NOSSA NEWSLETTER E RECEBA
INFORMAÇÕES DE TODOS OS LANÇAMENTOS**

www.faroeditorial.com.br

ESTA OBRA FOI IMPRESSA
EM OUTUBRO DE 2020